从世界 500 强历程
看中国式现代化道路

大踏步赶上时代的中国经济与中国企业

国网能源研究院有限公司 著

中国电力出版社
CHINA ELECTRIC POWER PRESS

图书在版编目（CIP）数据

从世界 500 强历程看中国式现代化道路：大踏步赶上时代的中国经济与中国企业 / 国网能源研究院有限公司著 . —北京：中国电力出版社，2023.7
ISBN 978-7-5198-7459-9

Ⅰ . ①从… Ⅱ . ①国… Ⅲ . ①能源发展 – 研究 – 中国 ②电力发展 – 研究 – 中国 Ⅳ . ① F426.2 ② F426.61

中国国家版本馆 CIP 数据核字 (2023) 第 136577 号

出版发行：中国电力出版社
地　　址：北京市东城区北京站西街 19 号（邮政编码 100005）
网　　址：http://www.cepp.sgcc.com.cn
责任编辑：刘汝青（010–63412382） 安小丹
责任校对：黄蓓 王海南
装帧设计：张俊霞
责任印制：吴迪

印　　刷：三河市万龙印装有限公司
版　　次：2023 年 7 月第一版
印　　次：2023 年 7 月北京第一次印刷
开　　本：787 毫米 × 1092 毫米　16 开本
印　　张：6
字　　数：113 千字
印　　数：0001–1500 册
定　　价：108.00 元

声 明

本书由国网能源研究院有限公司世界 500 强研究团队编写，由国网能源研究院有限公司享有完整的著作权，书中的观点和判断仅代表编著者的研究与思考。如基于商业目的需要使用本书中的信息（包括书中全部或部分内容）的，应经书面许可。本书中部分文字和数据采集于公开信息，相关权利为原著者所有，如对相关文献和信息的解读有不足、不妥或理解错误之处，敬请谅解。

本书编写过程中，欧阳昌裕、王广辉等领导付出了大量宝贵时间和精力与编写组开展深入交流和讨论，在此表示衷心感谢。本书还得到了蒋莉萍、柴高峰、仇文勇、王耀华、李健、单葆国等领导的大力支持，并且得到了国家电网有限公司总部部门的帮助，在此表示由衷感激！

国网能源研究院有限公司·**世界 500 强研究团队**

━━━━━━━━━ **编写组** ━━━━━━━━━

············· **负责人** ·············

李伟阳　　　张佳颖　　　李　阳

············· **成　员** ·············

张华磊　　　张冰石　　　张东芳

李成仁　　　李有华　　　王龙丰

朱永娟　　　宋海云　　　罗少东

中国路 中国走

"从现在起，中国共产党的中心任务就是团结带领全国各族人民全面建成社会主义现代化强国、实现第二个百年奋斗目标，以中国式现代化全面推进中华民族伟大复兴。"

"中国式现代化，是中国共产党领导的社会主义现代化，既有各国现代化的共同特征，更有基于自己国情的中国特色。"

"中国式现代化是人口规模巨大的现代化，是全体人民共同富裕的现代化，是物质文明和精神文明相协调的现代化，是人与自然和谐共生的现代化，是走和平发展道路的现代化。"

世界 500 强是《财富》杂志按照每年营业收入评选出的全球最大的 500 家企业。世界 500 强企业作为全球经济运行的活跃主体，是从企业视角反映世界经济发展的晴雨表，是洞察国家经济实力和产业发展变化的重要窗口。中国企业进入世界 500 强近 30 年的历程，能够反映出大踏步赶上时代的中国经济快速发展奇迹，可以从一个比较独特的视角理解中国式现代化道路。

回顾总结世界 500 强历程 展望践行中国式现代化

中国企业一直在路上

目录

叁 从世界 500 强
看中国式现代化

肆 从世界 500 强能源电力企业
看中国经济快速发展和中国式现代化道路

伍 以习近平新时代中国特色社会主义思想为指引
谱写好中国式现代化的世界一流企业篇章

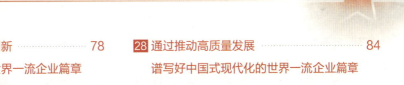

壹

从世界 500 强
看全球经济

世界 500 强:
全球经济发展的晴雨表

自 1995 年首次发布榜单以来,《财富》世界 500 强一直是衡量全球年度营业收入规模最大企业的知名榜单。世界 500 强企业作为全球经济运行的活跃主体,是反映全球经济发展、了解国家经济实力消长、理解产业发展变化的重要窗口。

01

与全球经济同频共振
的世界 500 强

世界 500 强企业是推动全球经济持续增长的重要主体和强劲动力。1996 — 2022 年，世界 500 强营业收入年均增长 5.0%，全球 GDP 年均增长 4.6%，世界 500 强营业收入规模变动与全球经济发展同频共振。

单位：%

图例：
— 全球 GDP 增长率（%）　　　— 世界 500 强营业收入增长率（%）

世界 500 强营业收入变动与全球经济发展波动高度相关。无论是 1998 年亚洲经济危机、2001 年网络经济泡沫破灭，还是 2008 年全球金融危机、2015 年全球经济下滑，以及 2019 年全球新冠疫情对全球经济的冲击，世界 500 强都是反映全球经济发展的晴雨表。

1996 — 2022 年，全球 GDP 从 1996 年的 31 万亿美元，增长至 2022 年的 96.1 万亿美元，年均增长 4.6%；同期世界 500 强营业收入总额从 11.3 万亿美元，增长至 37.7 万亿美元，年均增长 5.0%。两者同向波动提升，高度相关。

1996 — 1999 年

在 1998 年亚洲经济危机的冲击下，全球 GDP 增速从 2.2% 降至 -0.3%，同期世界 500 强营业收入增速从 1.2% 降至 -0.8%。

2000 — 2007 年

在网络经济泡沫破灭的背景下，全球 GDP 增速在 -0.6% 到大幅增长 12.7% 之间宽幅震荡，同期世界 500 强营业收入增速在 -2.5% 和最高 13% 之间大幅波动。

2008 — 2010 年

受全球金融危机的影响，全球 GDP 增速从 12.7% 降至 -5.2%，同期世界 500 强营业收入增速从 13% 降至 -8.1%。

2011 — 2018 年

全球经济疲弱态势依旧，复苏之路崎岖不平，世界 500 强企业出现深度调整。2015 年全球 GDP 增长率为 -5.7%，同期世界 500 强营业收入增长率出现迄今最大降幅，下降 11.5%。

2019 年至今

全球 GDP 和世界 500 强营业收入增长率连续三年持续走低。2020 年全球 GDP 增速为 -3.1%，同期世界 500 强营业收入增长率降至 -4.8%。

02

约为全球 GDP 40% 的世界 500 强规模

世界 500 强企业是全球经济最为活跃的力量，规模涨落是反映世界经济发展的脉搏。1996 — 2022 年，世界 500 强企业的营业收入总额占全球 GDP 的比例总体围绕着 40% 的平均水平，在 36% ~ 42% 之间波动。

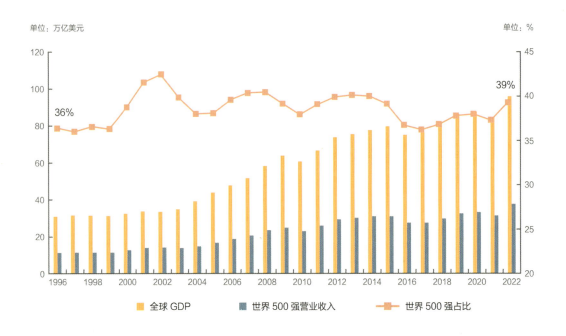

单位：万亿美元　　　　　　　　　　　　　　　　　　　　　　　　单位：%

全球 GDP　　　世界 500 强营业收入　　　世界 500 强占比

1996 年，世界 500 强营业收入总额 11.3 万亿美元，约为全球 GDP 的 **36%**；**2007 年**，世界 500 强营业收入总额突破 21 万亿美元，约为全球 GDP 的 **40%**。

2012 年和 2013 年，世界 500 强营业收入总额分别突破 29 万亿和 30 万亿美元，约为全球 GDP 的 **39% 和 40%**；2022 年，世界 500 强营业收入总额 37.8 万亿美元，约为全球 GDP 的 **39%**。

2012 — 2022 年，**中国 500 强营业收入**从 3.7 万亿美元增长至 9.7 万亿美元，同期 GDP 从 7.6 万亿美元增长至 17.7 万亿美元。前八年营业收入占 GDP 的比重在 44.7% ~ 54.4% 之间波动，从 2020 年开始，三年占比连续超过 50%。

2012 — 2022 年，**美国 500 强营业收入**从 11.8 万亿美元增长至 16.1 万亿美元，同期 GDP 从 15.6 万亿美元增长至 23 万亿美元，营业收入占 GDP 的比重在 64.5% ~ 75.3% 之间波动。

图 1-1　中国 500 强营业收入与中国 GDP 的变化

图 1-2　美国 500 强营业收入与美国 GDP 的变化

03

随全球经济水涨船高的世界 500 强门槛

世界 500 强营业收入规模与全球经济增长息息相关。2001 年世界 500 强门槛突破 100 亿美元；2012 年突破 200 亿美元，2022 年达到 287 亿美元，分别比 1996 年增长 16.3%、148.3%、223.3%，同期 GDP 分别增长 9.0%、137.9%、209.6%，保持同向逐年波动提高。

随着全球经济持续波动增长，世界 500 强门槛保持同向逐年波动提高。2001 年突破 100 亿美元，2008 年突破 150 亿美元，2012 年突破 200 亿美元，2022 年达到 286 亿美元，同比增长达到历史最高的 19.2%。

1996 — 2022 年，全球 GDP 年均增长 4.6%，同期世界 500 强门槛年均增长 4.9%，近三十年间仅有五年出现下降。1998 年下降 2.2%，2002 年下降 2.0%，2010 年下降 8.2%，2016 年下降 11.8%，2021 年下降 5.3%。

2022
19.2%
世界 500 强门槛
最大增长率

2011
14.6%
世界 500 强门槛
增长率

2005
14.8%
世界 500 强门槛
增长率

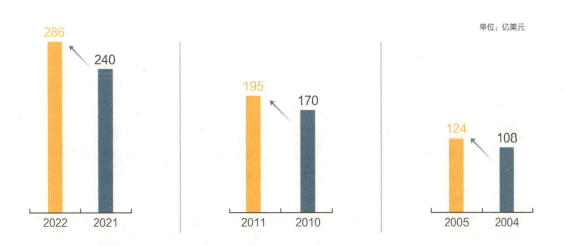

单位：亿美元

图 1-3　世界 500 强门槛同比上升

2000 — 2022 年，世界 500 强门槛震荡提高，特别是全球前 100 名、前 50 名、前 10 名，排名越靠前，门槛提升幅度越大。

全球前 10 名门槛的营业收入变化曲线的斜率明显高于第 50 名、第 100 名，反映出越靠近榜首，排名提升难度系数越高。

- 2000 — 2022 年，全球前 100 名门槛的营业收入从 327 亿美元到 964 亿美元，平均每年增长 5.6%，超过 1996 — 2022 年世界 500 强门槛的 4.9%。

- 2000 — 2022 年，全球前 50 名门槛的营业收入从 450 亿美元到 1386 亿美元，平均每年增长 5.6%，与同期世界前 100 名门槛的 5.6% 持平。

- 2000 — 2022 年，全球前 10 名门槛的营业收入从 1091 亿美元到 2921 亿美元，平均每年增长 5.4%，超过 1996 — 2022 年世界 500 强门槛的 4.9%。

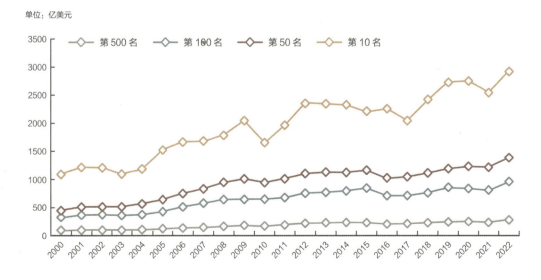

图 1-4 第 500 名、第 100 名、第 50 名和第 10 名上榜企业营业收入趋势变化

相较 2000 年，2022 年世界 500 强门槛增加 189 亿美元，前 100 名门槛增加 637 亿美元，前 50 名门槛增加 936 亿美元，前 10 名门槛增加 1830 亿美元。

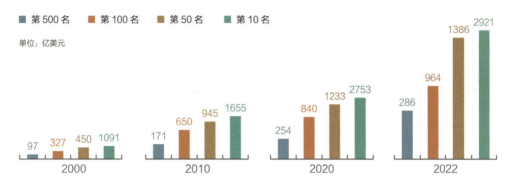

图 1-5　第 500 名、第 100 名、第 50 名、第 10 名上榜企业营业收入对比

[500,100]、[100,50]、[50,10] 的营业收入组距，分别从 1996 年的 188 亿、142 亿、697 亿美元，增长至 2022 年的 678 亿、422 亿、1535 亿美元。无论是同一年度的营业收入组距，还是不同年度的营业收入组距，均在不断拉大，同样反映了世界 500 强门槛的震荡提高，特别是全球前 100 名、前 50 名、前 10 名，排名越靠前，门槛提升幅度越大。

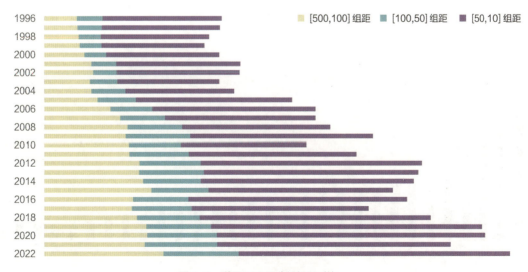

图 1-6　世界 500 强分组组距对比

04

观察全球产业变化的
世界 500 强行业格局

世界 500 强是洞察全球产业变化的独特窗口。2001 — 2022 年，数量增加较多的行业有采矿和原油生产、金属产品、食品生产；数量较稳定的行业有服装、建筑和农业机械、信息技术服务；数量减少较多的行业有航空、电信和综合商业。

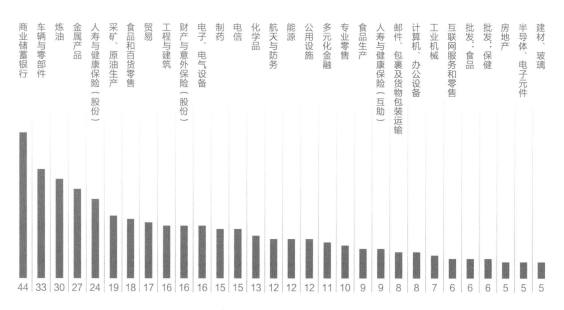

商业储蓄银行 44
车辆与零部件 33
炼油 30
金属产品 27
人寿与健康保险（股份） 24
采矿、原油生产 19
食品和百货零售 18
贸易 17
工程与建筑 16
财产与意外保险（股份） 16
电子、电气设备 16
制药 15
电信 15
化学品 13
航天与防务 12
能源 12
公用设施 12
多元化金融 11
专业零售 10
食品生产 9
人寿与健康保险（互助） 9
邮件、包裹及货物包装运输 8
计算机、办公设备 8
工业机械 7
互联网服务和零售 6
批发：食品 6
批发：保健 6
房地产 5
半导体、电子元件 5
建材、玻璃 5

2022 年世界 500 强企业分布的部分行业

单位：家

2001 年，世界 500 强分布在 59 个行业，上榜企业数量最多的十大行业占世界 500 强总数的 48.2%。其中，商业储蓄银行是上榜企业数量最多的行业，是位列第二位的车辆与零部件行业的近两倍；炼油、食品和百货零售、电信行业上榜企业数量均在 20 家以上。

商业储蓄银行	58
车辆与零部件	32
炼油	27
食品和百货零售	24
电信	23
电子、电气设备	20
人寿与健康保险（股份）	17
金属产品	14
公用设施	13
贸易	13

2001

2012 年，世界 500 强分布在 58 个行业，上榜企业数量最多的十大行业占世界 500 强总数的 52.0%，行业集中度较 2001 年有所提升。与 2001 年相比，炼油行业上榜企业数量超过车辆与零部件行业，位列第二位；采矿、原油生产行业上榜企业数量增多。

商业储蓄银行	53
炼油	41
车辆与零部件	33
食品和百货零售	23
采矿、原油生产	21
电信	20
人寿与健康保险（股份）	19
公用设施	18
金属产品	18
财产与意外保险（股份）	14

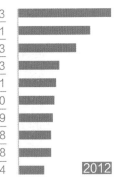
2012

2022 年，世界 500 强分布在 57 个行业，上榜企业数量最多的十大行业占世界 500 强总数的 48.8%。商业储蓄银行上榜企业数量较 2012 年减少；电信、公用设施行业退出了上榜企业数量最多的十大行业排名。

商业储蓄银行	44
车辆与零部件	33
炼油	30
金属产品	27
人寿与健康保险（股份）	24
采矿、原油生产	19
食品和百货零售	18
贸易	17
财产与意外保险（股份）	16
电子、电气设备	16
工程建筑	16

2022

图 1-7　上榜企业数量最多的行业前十名

单位：亿美元

商业储蓄银行	16005
车辆与零部件	13840
炼油	12492
贸易	7236
电信	7118
电子、电气设备	6941
食品和百货零售	5303
人寿与健康保险（股份）	5240
综合商业	4706
能源	3903

2001 年，世界 500 强营业收入规模排名前三的行业分别为商业储蓄银行、车辆与零部件和炼油。

炼油	47226
商业储蓄银行	31902
车辆与零部件	23416
电信	12365
采矿、原油生产	12273
食品店和百货零售	11996
人寿与健康保险（股份）	11842
公用设施	10209
电子、电气设备	10148
能源	8248

2012 年，世界 500 强营业收入规模排名前三的行业分别为炼油、商业储蓄银行、车辆与零部件。炼油行业营业收入是商业储蓄银行行业营业收入的 1.5 倍。

炼油	35514
商业储蓄银行	29727
人寿与健康保险（股份）	18388
金属产品	15359
贸易	14258
工程与建筑	13484
电信	12769
互联网服务和零售	12127
电子、电气设备	11666
制药	9272

2022 年，在世界 500 强营业收入规模前十行业中，炼油行业营业收入规模稳居全行业第一名，但与第二位的差距不断缩小；未在 2001 年和 2012 年出现的互联网服务和零售行业在 2022 年进入了营业收入规模前十行业。

图 1-8　营业收入规模前十行业

单位：亿美元

2001 年，世界 500 强利润排名前三的行业分别是制药、网络和通信设备及商业储蓄银行；与电子制造相关的行业如半导体和电子元件、电子和电气设备皆位列利润最高的行业前十名。

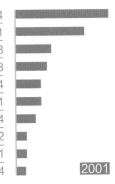

制药	1284
网络、通信设备	951
商业储蓄银行	483
炼油	418
公用设施	334
多元化金融	331
电子、电气设备	254
电信	132
车辆与零部件	131
半导体、电子元件	124

2001

2012 年，世界 500 强利润排名第一的行业是商业储蓄银行。炼油、采矿和原油生产行业超过了制药、网络和通信设备行业，进入了利润排名前三的行业。

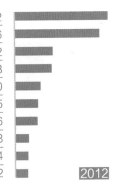

商业储蓄银行	3032
炼油	2756
采矿、原油生产	1222
车辆与零部件	1183
制药	810
能源	725
电信	706
计算机、办公设备	428
财产与意外保险（股份）	404
人寿与健康保险（股份）	392

2012

2022 年，在世界 500 强利润排名前三的行业中，互联网服务和零售行业超过了传统的电信行业，位列利润最高的行业第三名。

商业储蓄银行	5973
炼油	2094
互联网服务和零售	1928
采矿、原油生产	1895
车辆与零部件	1872
制药	1475
财产与意外保险（股份）	1454
计算机、办公设备	1128
电信	1065
人寿与健康保险（股份）	1043

2022

图 1-9　净利润合计前十行业

与 2001 年相比，2022 年上榜企业数量明显增加的行业分别是采矿和原油生产、金属产品、食品生产行业；上榜企业数量长期稳定的行业分别是服装，建筑和农业机械，信息技术服务，邮件、包裹及货物包装运输行业；上榜企业数量明显减少的行业分别是航空、电信、综合商业行业。

单位：家

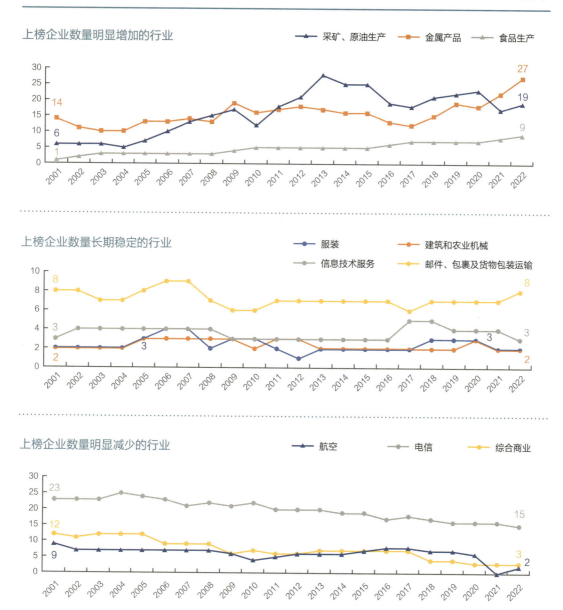

图 1-10　不同行业上榜企业数量变化情况

与 2001 年相比，2022 年平均收入利润率上升最多的行业分别是医疗器材和设备、商业储蓄银行、计算机和办公设备行业；平均收入利润率较为稳定的行业分别是建材、玻璃，制药，人寿与健康保险（互助）行业；平均收入利润率下降较多的行业分别是铁路运输、航空、计算机软件行业。

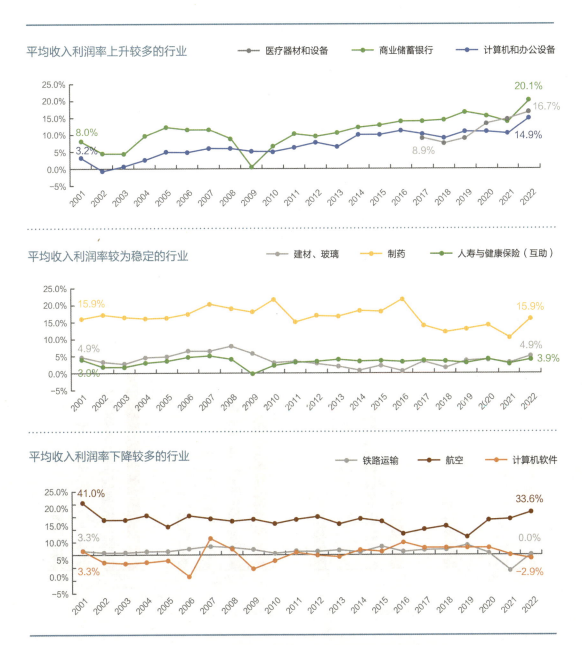

图 1-11　不同行业上榜企业平均收入利润率变化情况

05

观察国家经济实力消长的世界 500 强版图

世界 500 强版图可从一个独特的视角观察国家经济实力消长。1996 年，世界 500 强企业分布在 24 个国家，美国、日本和欧洲分别有 153、141 家和 172 家。2022 年，世界 500 强企业分布在 32 个国家。中国、美国和日本分别有 145、124 家和 47 家；欧洲有 123 家。

单位：亿美元

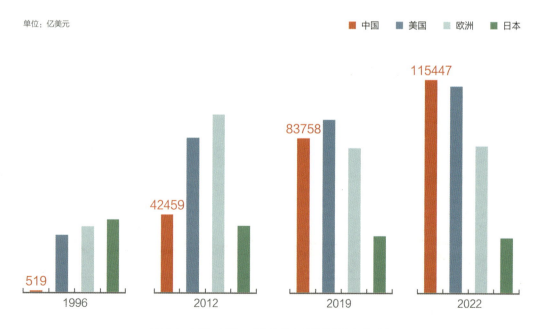

2022 年 中国、美国、欧洲上榜企业营业收入规模对比

2022 年,世界 500 强企业分布在 32 个国家,上榜企业数量超过 100 家的是中国和美国,分别为 145 家和 124 家;上榜数量超过 20 家的还有日本、德国和法国。排名前 6 个国家的上榜企业营业收入总额占世界 500 强营业收入总额的 81.4%。

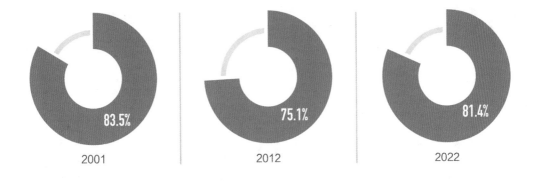

图 1-12　前 6 个国家上榜企业营业收入占比

表 1-1　2022 年世界 500 强上榜企业国别分布

序号	国家	上榜企业数量	序号	国家	上榜企业数量
1	中国	145	17	澳大利亚	3
2	美国	124	18	新加坡	3
3	日本	47	19	比利时	2
4	德国	28	20	丹麦	2
5	法国	25	21	墨西哥	2
6	英国	18	22	瑞典	2
7	韩国	16	23	奥地利	1
8	瑞士	14	24	波兰	1
9	加拿大	12	25	芬兰	1
10	荷兰	11	26	卢森堡	1
11	印度	9	27	马来西亚	1
12	西班牙	8	28	挪威	1
13	巴西	7	29	沙特阿拉伯	1
14	意大利	5	30	泰国	1
15	俄罗斯	4	31	土耳其	1
16	爱尔兰	3	32	印度尼西亚	1

单位：%

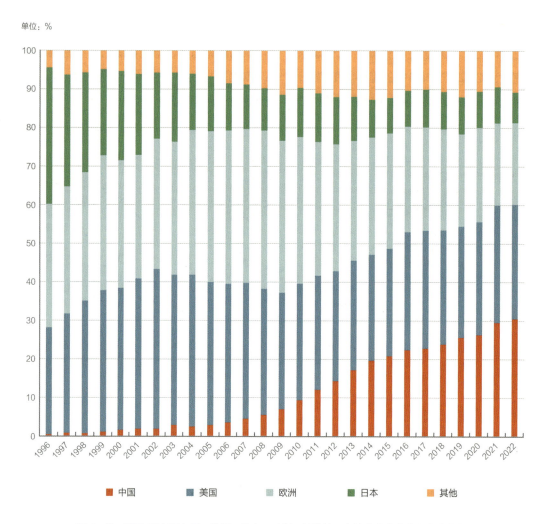

图 1-13　世界 500 强中国、美国、日本、欧洲及其他地区上榜企业营业收入占比变化

1996 — 2022 年，中国、美国、日本、欧洲及其他国家或地区上榜企业营业收入分布格局持续变化。中国上榜企业营业收入不断增长，从 519 亿美元增长至 115447 亿美元，占比从 0.5% 增长至 30.6%；美国上榜企业营业收入从 31382 亿美元增长至 112173 亿美元，占比从 27.8% 增长至 29.7%；欧洲上榜企业营业收入从 36191 亿美元增长至 79773 亿美元，占比从 32% 降至 21.1%；日本上榜企业营业收入从 39938 亿美元降至 29986 亿美元，占比从 35.3% 降至 7.9%。

2022 年，世界 500 强上榜企业最多的是中国、美国、日本、德国和法国。1995 — 2021 年，各国上榜企业营业收入占世界 500 强比重的变化，与各国 GDP 占全球 GDP 比重的变动趋势保持一致。中国保持持续快速提升，美国持续保持平稳，日本持续较大幅度下降，德国和法国持续小幅下降。

单位：% ●— 上榜企业营业收入占比 ●— GDP 占比

1995 — 2021 年，中国 GDP 占全球 GDP 比重从 2.4%，增长到 18.5%；同期中国企业营业收入占比从 0.5%，持续快速增长到 30.6%。

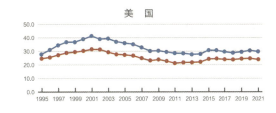

1995 — 2021 年，美国 GDP 占全球 GDP 比重从 24.6%，缓慢下降到 23.9%，中位数为 24.6%；同期美国企业营业收入占比在 27.6% 和 41.3% 之间波动，中位数为 30.6%。

1995 — 2021 年，日本 GDP 占全球 GDP 比重从 17.9%，大幅下降到 5.1%；同期日本企业营业收入占比持续较大幅度下降，从最高的 35.3% 下降到 2022 年的 7.9%。

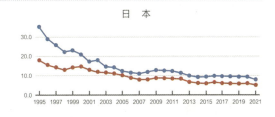

1995 — 2021 年，德国和法国 GDP 占全球 GDP 比重分别从 8.3% 和 5.2%，持续下降到 4.4% 和 2.2%；同期两国上榜企业营业收入占比分别从 9.0% 和 7.8%，持续下降到 5.5% 和 4.3%。

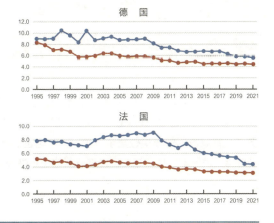

图 1-14　中国、美国、日本、德国、法国上榜企业营业收入占比及 GDP 占比变化情况

| 贰 |

从世界 500 强历程
看中国经济快速发展

中国企业进入世界 500 强历程
视角下的中国经济发展故事

1996 — 2022 年，世界 500 强的中国企业上榜数量从 4 家到 145 家，营业收入规模从 0.1 万亿美元到 11.5 万亿美元，上榜数量和营业收入规模均位居全球第一。中国企业在全球范围内实现跨越式发展的背后，是中国经济取得的历史性发展。

06

上榜数量：
从 4 家到 145 家

1996 年，中国上榜企业数量 4 家，营业收入占比仅为 0.5%；
2022 年，中国上榜企业数量增长至 145 家，连续 4 年领跑全球，
营业收入占比增长至 30.6%。

单位：家

■ 中国上榜企业数量

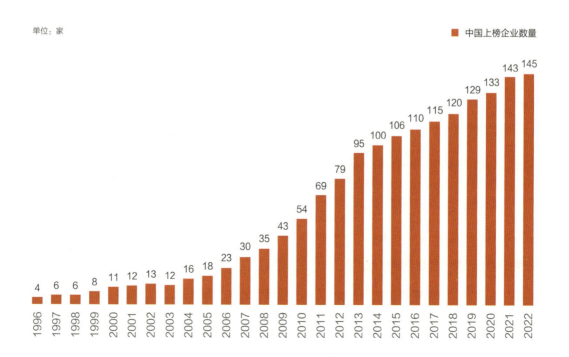

1996 年

中国上榜企业数量仅有 4 家，其中 2 家为中国大陆企业，分别为中国银行、中粮集团；1 家香港企业，为怡和集团；1 家中国台湾企业，为台湾中油。美国和日本上榜企业数量分别有 153 家、141 家。

2001 年

中国加入世界贸易组织，入围世界 500 强的中国企业上升至 12 家，均为中国大陆企业，在国家排名中位居第 7 位。

2011 年

中国上榜企业数量达到 69 家，其中 8 家为中国台湾企业，上榜企业数量首次超过日本，在国家排名中上升为第 2 位。同年，美国上榜企业数量 133 家，是中国上榜企业数量的近两倍。

2012 年

中国上榜企业数量达到 79 家，其中 6 家为中国台湾企业。同年，美国、日本上榜企业数量分别为 132 家、68 家。

2014 年

中国上榜企业数量首次达到 100 家，其中 5 家为中国台湾企业。同年，日本上榜企业数量 57 家，美国上榜企业数量 128 家。

2019 年

中国上榜企业数量达到 129 家，其中 10 家为中国台湾企业，上榜企业数量首次超过美国。

2022 年

中国上榜企业数量连续四年超过美国，领跑全球。2022 年，中国上榜企业数量为 145 家，其中 9 家为中国台湾企业。

07

国别排名：
从第 13 名到第 1 名

1996 年，中国上榜企业数量 4 家，国别排名为第 13 名；2019 年，中国上榜企业数量超过美国，国别排名位列第一；2022 年，中国上榜企业数量国别排名连续四年领跑全球。

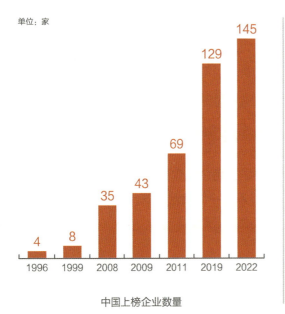

单位：家

中国上榜企业数量

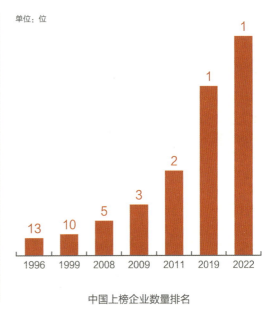

单位：位

中国上榜企业数量排名

1996 年

中国上榜企业数量的国别排名为第 13 名，位居前列的 12 个国家依次是美国、日本、法国、德国、英国、瑞士、韩国、意大利、荷兰、加拿大、西班牙、比利时。

1999 年

中国上榜企业数量超过西班牙、比利时，国别排名首次进入前 10 名。

2008 年

中国上榜企业数量超过加拿大、瑞士、意大利、韩国，国别排名首次进入前 5 名。

2009 年

中国上榜企业数量超过法国、德国，国别排名首次进入前 3 名，开启了与美国、日本企业的竞技进程。

2011 年

中国上榜企业数量超过日本，国别排名上升为世界第二，但上榜企业数量 69 家，与排名世界第一的美国上榜企业数量 133 家相差近一半。

2012 年

中国上榜企业数量达到 79 家，与美国上榜企业数量 132 家相差 53 家。同年，日本上榜企业数量 68 家。

2019 年

中国上榜企业数量首次超过美国，成为全球上榜企业数量最多的国家。从 2011 年的 69 家，到 2019 的 129 家，中国企业用了 8 年的时间，在数量上大踏步赶上了美国。

2019 — 2022 年

中国上榜企业数量连续四年领跑全球，历史上还没有任何一个国家能像中国一样跨越式增长。

08

版图：从美日、美日中到美中日、中美

1996 年，世界 500 强企业数量是美日双强，两国合计占比 58.8%；2011 年变为美国、中国、日本三强，合计占比 54%；2020 — 2022 年变为中美双强，连续三年合计占比均超过 50%。

1996 年

世界 500 强的主场属于美国、日本，上榜数量均超过 100 家，占比分别为 30.6%、28.2%，两个国家数量合计占比接近 60%，遥遥领先于法国、德国、英国等。中国上榜企业数量 4 家，占比不足 1%。

2001 年

美国、日本上榜企业数量分别为 184 家和 104 家，占比分别为 36.8% 和 20.8%。中国上榜企业数量 12 家，占比缓慢上升至 2.4%。

2010 年

中国上榜企业数量占比首次超过 10%，美国、日本上榜企业数量占比出现下降，分别为 28.0%、14.2%。

2011 年

中国上榜企业数量占比为 13.8%，首次超过日本的 13.6%。美国、中国、日本上榜企业数量合计占比为 54%。

2012 年

中国上榜企业数量占比为 15.8%。美国、中国和日本上榜企业数量合计占比为 55.8%。

2019 年

中国上榜企业数量占比为 25.8%，首次超过美国的 24.2%，中国、美国的上榜企业数量占比为 50%；日本上榜企业数量占比降至 10.4%。

2022 年

中国上榜企业数量占比为 29%，超过美国 4.2 个百分点。日本上榜企业数量排在第三位，占比降至 10% 以下。

09

地位：从数量第一到营业收入规模第一

1996 年，中国上榜企业营业收入总额 0.1 万亿美元；2012 年，中国上榜企业营业收入总额 4.2 万亿美元，超过日本；2022 年，中国上榜企业营业收入总额 11.5 万亿美元，超过美国。

单位：万亿美元

■ 中国　■ 美国　■ 日本

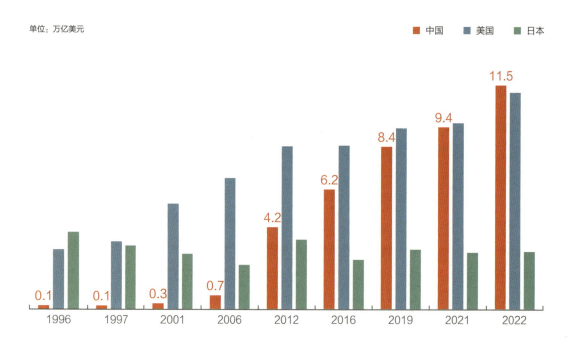

1996 年

日本上榜企业营业收入总额 4 万亿美元，位列全球第一；美国 3.1 万亿美元，位居第二；中国上榜企业营业收入总额仅有 0.1 万亿美元，是日本和美国的零头。

2001 年

美国上榜企业营业收入总额 5.5 万亿美元，是上榜企业营业收入规模最大的国家。

2006 年

美国上榜企业营业收入总额 6.8 万亿美元，是日本 2.3 万亿美元的近 3 倍。中国上榜企业营业收入总额上升至 0.7 万亿美元。

2012 年

中国上榜企业营业收入总额 4.2 万亿美元，首次超过日本的 3.6 万亿美元。美国上榜企业营业收入总额 8.4 万亿美元，是排名第二的中国的两倍左右。

2019 年

中国上榜企业数量首次名列世界第一，但营业收入总额与美国相比，仍有 1 万亿美元的差距。

2021 年

中国上榜企业营业收入总额 9.4 万亿美元，是 2001 年的 34 倍多，与美国的差距缩小至 2832 亿美元。

2022 年

中国上榜企业营业收入总额 11.5 万亿美元，首次超过美国的 11.2 万亿美元，中国企业实现了从数量第一到营业收入规模第一的历史性跨越。

10

利润规模：从 20 亿美元到 5987 亿美元

1996 — 2022 年，中国上榜企业利润总额持续稳步增长，从 20 亿美元增至 5987 亿美元。2009 年，中国上榜企业利润总额超越日本，稳居第二位；但与美国一直存在较大差距，差距最小的是 2003 年，相差 435 亿美元。

单位：亿美元

■ 中国　■ 美国　■ 日本

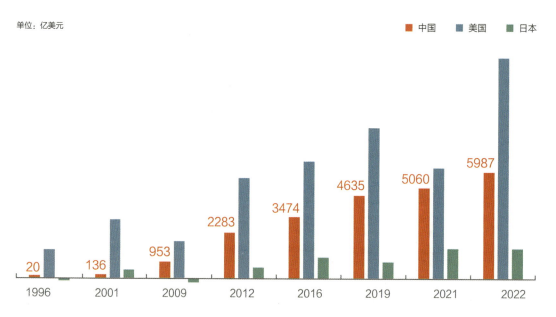

1996 — 2022 年世界 500 强中国、美国和日本上榜企业利润合计变动情况

1996 年

中国上榜企业利润规模仅有 20 亿美元。

2001 年

美国上榜企业利润规模 3228 亿美元，是日本 439 亿美元的 7 倍多，中国 136 亿美元的 23 倍多。

2009 年

2009 年美国上榜企业利润规模由上年的 4403 亿美元减少至 2129 亿美元，日本上榜企业利润规模由 1123 亿美元变为亏损 55 亿美元，中国上榜企业利润规模同比仅下降 23 亿美元，为 953 亿美元。

2012 年

美国上榜企业利润规模 5540 亿美元；中国上榜企业利润规模由上年的 1823 亿美元增至 2283 亿美元；日本上榜企业利润规模由上年的 882 亿美元降至 725 亿美元。

2021 年

美国上榜企业利润规模 6244 亿美元，同比下降 2234 亿美元；中国上榜企业利润规模 5060 亿美元，与美国利润差距缩小至 1184 亿美元；日本上榜企业利润规模为 1697 亿元。

2022 年

全球经济在疫情中复苏，世界 500 强企业利润规模 3.1 万亿美元，达到榜单发布以来最高水平，是 2019 年利润规模的 1.4 倍。由于上年利润规模基数低，同比增长 88%，创 2004 年以来最大涨幅。其中，美国上榜企业利润规模上升至历史最高水平，超过中国上榜企业利润 5987 亿美元。

11

前 100 名：
从无一入榜到 35 家

1999 年，中国首次有 1 家企业进入世界前 100 名；2012 年，中国有 11 家企业进入世界 100 强；2013 年，世界前 100 名的中国企业数量超过日本，稳居第二；2022 年，世界前 100 名的中国企业数量超过美国，首次领跑全球。

单位：家

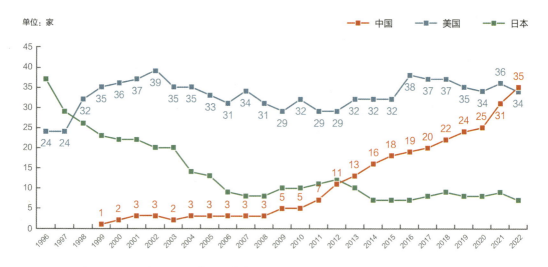

世界 500 强前 100 名中国、美国和日本上榜企业数量变化

1999 年，中国石化首次入围世界前 100 名，位列第 73 名，同年美国、日本入围世界前 100 名的企业数量分别为 35 家、23 家。

2012 年，中国入围世界 100 强的数量为 11 家，与日本相差 1 家。

2013 年，中国入围世界前 100 名的企业数量首次超过日本。

2022 年，中国、美国入围世界前 100 名的企业数量分别为 35 家和 34 家，两国企业数量合计占比接近 70%。根据榜单历史，日本和美国的世界前 100 名企业的数量峰值分别为 37 家和 39 家，未来中国入围世界前 100 名的企业数量增长仍可期待。

1999 年，世界前 100 名企业营业收入集中于美国和日本，其中美国的世界前 100 名营业收入占比为 35.8%，日本为 27.1% 位居第二，是德国 14.1% 的近两倍。中国占比不到 1%。

2012 年，美国的世界前 100 名企业营业收入占比稳居世界第一；中国的世界前 100 名企业的营业收入占比首次超过日本，位居第二。

2022 年，美国、中国的世界前 100 名企业营业收入占比分别为 37.7%、33.7%，合计超过 70%。中国的世界前 100 名企业数量超过美国，但是营业收入规模与美国仍有差距。

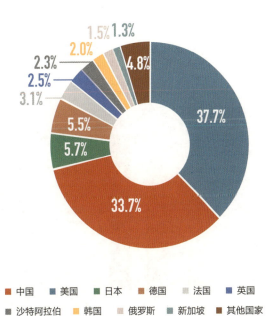

图 2-1 2022 年前 100 名上榜企业数量分布　　　　图 2-2 2022 年前 100 名上榜企业营业收入占比分布

12

营业收入排名前三的行业：
从 2 个到 29 个

2001 年，中国的贸易、公用设施 2 个行业首次进入行业营业收入排名前三；2022 年，中国有 29 个行业进入行业营业收入排名前三，在工程建筑、金属产品等 19 个行业营业收入排名第一。

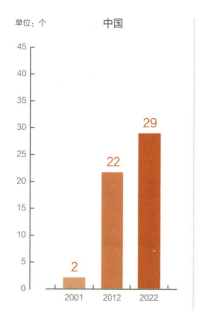
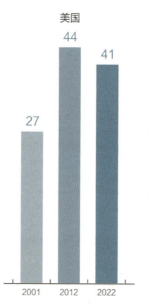
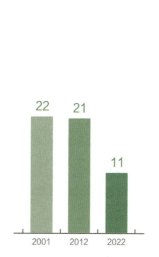

中国、美国、日本行业营业收入排名进入前三名的数量变化

2001 年，中国仅有贸易、公用设施 2 个行业进入行业营业收入排名前三。美国在车辆与零部件、银行、综合商业等 27 个行业位列前三，以明显优势领先全球。日本在贸易、电子和电气设备、保险领域等 22 个行业位列前三。

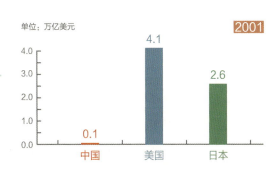

2012 年，中国有 22 个行业进入行业营业收入排名前三，6 个行业排名第一，分别是纺织、工业机械、公用设施、金属产品、工程与建筑和网络、通信设备。美国在炼油、综合商业、商业储蓄银行、多元化金融等 37 个行业排名第一，领跑全球，44 个行业进入前三。日本有 21 个位列前三，5 个行业排名第一，分别为人寿与健康保险（互助）、人寿与健康保险（股份）、车辆与零部件、贸易、电子和电气设备。

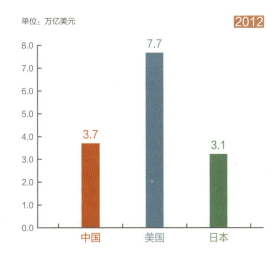

2022 年，中国有 29 个行业进入行业营业收入排名前三，在工程建筑、金属产品、采矿炼油及原油生产等 19 个行业排名第一。美国有 41 个行业排名前三，在互联网服务、保健行业和综合商业等 32 个行业中排名第一。日本进入排名前三的行业由 2011 年的 22 个减至 2022 年的 11 个。

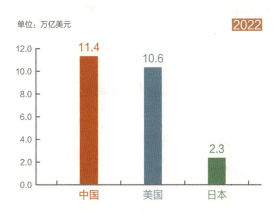

图 2-3　中国、美国、日本行业营业收入排名进入前三名的总额对比

13

行业国别排名爬坡进行时：
25 个和 13 个

2022 年，世界 500 强企业分布在 57 个行业。中国上榜企业分布在 32 个行业，尚有 25 个行业无中国企业上榜；上榜行业中有 19 个行业营业收入排名第一，13 个行业未进入行业排名第一，其中 10 个行业进入排名前三，3 个行业尚在前三名之外。

单位：家

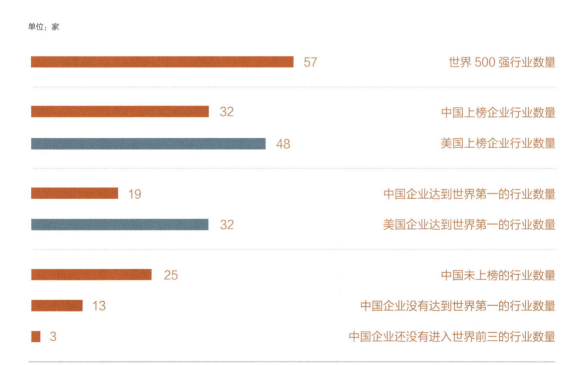

57		世界 500 强行业数量
32		中国上榜企业行业数量
48		美国上榜企业行业数量
19		中国企业达到世界第一的行业数量
32		美国企业达到世界第一的行业数量
25		中国未上榜的行业数量
13		中国企业没有达到世界第一的行业数量
3		中国企业还没有进入世界前三的行业数量

2022 年，世界 500 强企业分布在 57 个行业，中国上榜企业分布在 32 个行业，尚有 25 个行业无中国企业上榜，与同期美国上榜企业的 48 个行业相比，中国也还有 16 个行业的差距。

2022 年，美国上榜的 48 个行业，有 32 个行业位列第一；中国上榜的 32 个行业，有 19 个行业位列第一，与美国尚有 13 个行业的差距。中国尚未进入行业排名第一的 13 个行业，有 10 个行业进入行业营业收入排名前三，3 个行业尚在三名之外。

中国企业营业收入排名尚未达到第一的 13 个行业，分别是工业、轻工业、服务、商贸零售服务、医疗保健、电子制造、信息软件和技术服务和金融等领域。

中国尚未进入行业营业收入排名前三的 3 个行业，分别是专业零售、财产与意外保险（股份）和食品生产。

中国企业排名第一的 19 个行业，房地产、纺织、工程与建筑、运输及物流、金属产品、通信设备、公用设施、船务、化学品、航天与防务 10 个行业具有明显规模优势，营业收入占比超过 50%。

中国企业没有达到排名第一的 13 个行业中，制药、多元化金融等 3 个行业的中国企业营业收入占比与美国企业的差距，在 10 个百分点以内；在计算机和办公设备、批发保健、财产与意外保险等 4 个行业的中国企业营业收入占比与美国企业的差距，超过 40 个百分点。

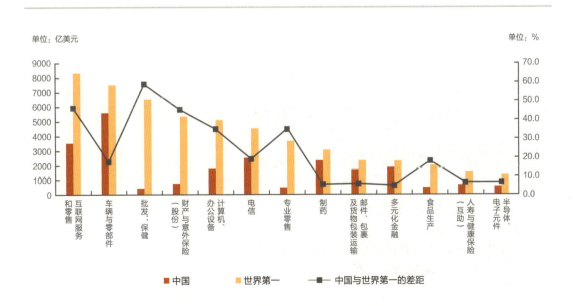

图 2-4　2022 年中国尚未达到世界第一的行业与世界第一的行业营业收入差距对比

叁

从世界 500 强
看中国式现代化

世界 500 强历程视角的
中国式现代化故事

中国式现代化，既有各国现代化的共同特征，更有基于自己国情的中国特色。回顾总结中国企业的世界 500 强历程，有助于从基本国情出发洞察中国式现代化，深刻理解中国的问题必须由中国人自己来解答的历史规律。

14

筚路蓝缕
披荆斩棘

大踏步赶上时代的
艰辛追赶之路

开创、坚持、捍卫、发展中国特色社会主义，实现了从高度集中的计划经济体制到充满活力的社会主义市场经济体制、从封闭半封闭到全方位开放的历史性转变，实现了从生产力相对落后的状况到经济总量跃居世界第二的历史性突破 …… 中国大踏步赶上了时代！

—— 习近平在庆祝中国共产党成立 100 周年大会上的重要讲话

中华人民共和国成立以后，我国顺利完成社会主义改造，初步建立起了独立完整的工业体系、国防体系和基础设施，从一个典型的农业国转变为工业国，有力保障了国家独立和主权安全，也为改革开放奠定了物质基础和社会基础。1952 — 1980 年，我国经济实现了快速增长，GDP 年均增长 6.6%，工业产值占 GDP 的比例从 21% 上升到 48%，工业结构从以纺织等小规模轻工业为主，转变为以重工业和军事工业为主，为改革开放之后中国成为世界制造业大国奠定了重工业基础。

改革开放后，市场对经济发展的积极作用充分发挥，加快引进国外资金、技术和管理经验，国有企业改革持续深入推进，特别是 1992 年党的十四大确立社会主义市场经济体制，2001 年中国加入世界贸易组织，中国企业全面加快了筚路蓝缕、艰难跋涉的大踏步赶上时代之路。

2012 年进入新时代，中国企业积极适应新一轮科技革命和产业变革加速发展新形势，坚持创新驱动发展，深度融入全球产业链供应链价值链，加快创建具有全球核心竞争力的世界一流企业。

1996 年，世界 500 强有中国 4 家企业入榜，其中有 2 家为中国大陆企业。2001 年，中国加入世界贸易组织，上榜企业数量开始高速增长，从 2001 年的 12 家快速增至 2013 年的 95 家；最近十年，从 2013 年的 95 家增加到 2022 年的 145 家。

1996 年，中国上榜企业数量国别排名第 13 名；1999 年，首次进入前 10 名；2008 年，位列第 5 名；2009 年超过德国、法国和英国，进入三甲；2011 年超过日本，稳居第二，但与美国 133 家相比，还有 64 家的差距；2012 年，中国 79 家，与美国的差距缩小至 53 家；2019 年，中国 129 家，超过美国的 121 家。中国企业上榜数量仅用了八年时间赶上了多年雄踞榜首的美国。

1999 年，1 家中国企业进入世界前 100 名；2012 年，中国 11 家；2013 年，中国 13 家，超过日本；2022 年，中国 35 家，超过美国，排名第一。

1996 年，世界 500 强中国企业营业收入规模 0.1 万亿美元；2012 年，4.2 万亿美元，超过日本；2022 年，11.5 万亿美元，超过美国的 11.2 万亿美元，排名第一。

1996 年，世界 500 强中国企业利润规模 20 亿美元；2009 年超越日本，稳居第二，与美国相差 1176 亿美元；2012 年，与美国差额为 3257 亿美元；2021 年，与美国差额缩小至 1184 亿美元；2022 年，中国上榜企业利润规模 5987 亿美元，创造历史新高，但与美国差额扩大到 6476 亿美元。

15

全面突破
　整体崛起

大国经济整体现代化的
全面崛起之路

高质量发展是全面建设社会主义现代化国家的首要任务。…… 必须完整、准确、全面贯彻新发展理念，坚持社会主义市场经济改革方向，坚持高水平对外开放，加快构建以国内大循环为主体、国内国际双循环相互促进的新发展格局。…… 加快建设现代化经济体系，着力提高全要素生产率，着力提升产业链供应链韧性和安全水平，…… 推动经济实现质的有效提升和量的合理增长。

——习近平在中国共产党第二十次全国代表大会上的报告

1996 年，我国 GDP 总值 7.2 万亿元，经济总量占世界经济的比重为 2.7%，人均 GDP 总值 0.6 万元；2012 年，我国 GDP 总值增长至 54 万亿元，经济总量占世界经济的比重达 11.3%，人均 GDP 总值达到 3.98 万元；2021 年，我国 GDP 总值突破 114 万亿元，经济总量占世界经济的比重达

18.5%，稳居第二位，人均 GDP 总值达到 8.1 万元。经过几十年的艰苦奋斗历程，我国建成了完整的大国产业体系，成为全世界唯一拥有联合国产业分类中全部工业门类的国家。我国经济实力实现历史性跃升的背后是中国企业的全面突破和整体崛起。

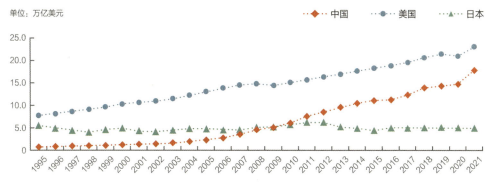

图 3-1　中国、美国、日本 GDP 总值变化趋势

1996 年中国上榜企业仅分布在金融、炼油、贸易和零售 4 个行业，2001 年上升至 6 个，2012 年上升至 28 个，2022 年上升至 32 个，是 1996 年行业数量的 8 倍，占世界 500 强榜单行业总数的 56.1%，尤以金属产品

（19 家）、工程与建筑（12 家）、商业储蓄银行（10 家）行业最为集中。上榜行业数量显著提升，反映的是我国经过不懈努力艰难建成的完整大国产业体系。

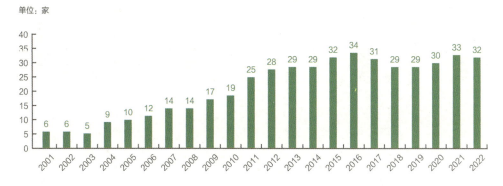

图 3-2　中国上榜企业所涉世界 500 强榜单细分行业数量变化

2001—2022 年，中国实体经济领域的上榜企业营业收入占中国上榜企业总营业收入比重相对稳定，波动区间为 74%～85%，中位数为 80%。中国制造业上榜企业营业收入占中国上榜企业总营业收入比重稳居高位，中位数为 41.9%，2022 年占比达到 44.2%。

图 3-3　中国上榜实体企业及制造企业营业收入占比

2022 年，位居房地产、纺织、工程与建筑、运输及物流、金属产品、网络与通信设备等行业首位的中国企业营业收入占世界 500 强榜单本行业收入的比重超过 60%。

2022 年，以 ATJ（阿里、腾讯、京东）为首的中国上榜互联网企业平均营业收入 1224 亿美元，是 2017 年的 4.3 倍，反映了中国在新一轮信息革命浪潮中勇立潮头，充分把握"弯道超车"新机遇，在网络经济领域实现快速发展。

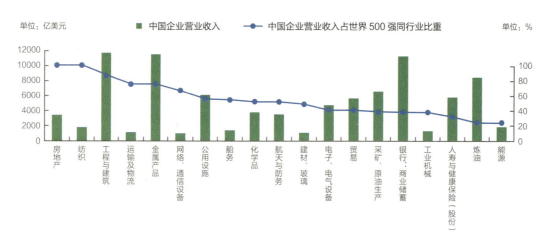

图 3-4　位居细分行业首位的中国企业营业收入占本行业总营业收入比重

中国金融企业在全球金融领域的地位和影响力持续提升。2010 — 2022 年间，中国上榜金融企业营业收入占世界 500 强行业比重从 2010 年的 6.5%，持续上升至 2022 年的 6.0%；净利润占比从最低的 24.1%，增长至最高的 39.4%。2022 年中国上榜金融企业最高排名（中国工商银行）第 22 位，与行业最高排名（伯克希尔－哈撒韦公司）第 14 位仅差 8 位。

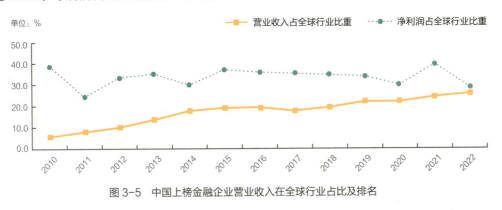

图 3-5　中国上榜金融企业营业收入在全球行业占比及排名

2001 — 2022 年，中国上榜金融企业人均营业收入从 4.1 万美元 / 人增至 59.3 万美元 / 人，平均每年增长 13.5%。2007 年人均营业收入突破 10 万美元 / 人，2012 年突破 20 万美元 / 人，2013 年突破 30 万美元 / 人，2015 年突破 40 万美元 / 人，2021 年突破 50 万美元 / 人。2001 — 2022 年，中国上榜金融企业人均净利润从 2001 年的 0.1 万美元 / 人，增长至 2022 年的 8.4 万美元 / 人，平均每年增长 22.0%。

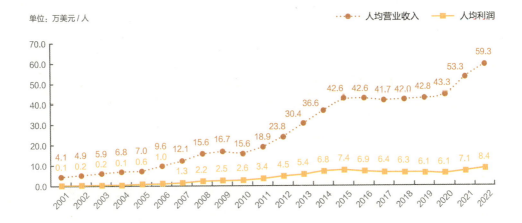

图 3-6　中国上榜金融企业人均营业收入与人均利润变化情况

16

梯次发展
接续发力

**东部率先发展，中西部逐步加快发展的
区域梯次协调发展之路**

一个大局，就是东部沿海地区加快对外开放，使之较快地先发展起来，中西部地区要顾全这个大局。另一个大局，就是当发展到一定时期，比如本世纪末全国达到小康水平时，就要拿出更多的力量帮助中西部地区加快发展，东部沿海地区也要服从这个大局。

——《邓小平文选》

2009 年，**中国内地上榜企业 34 家**，分布在北京、广东、河北、吉林、江苏、上海等 6 个省（市）。2012 年，**中国内地上榜企业 69 家**，其中东部 63 家，东北 2 家，中部 4 家。**2022 年，中国内地上榜企业 129 家**，扩大至 21 个省（区、市）。其中，东部 108 家，中部 8 家，西部 11 家，东北 2 家。

2009 — 2022 年，**中国港澳台地区上榜企业数量波动上升**，从 2009 年的 9 家上升到 2022 年的 16 家，营业收入从最低的 2219 亿美元到最高的 9606 亿美元，占中国上榜企业营业收入总额的平均比例为 10.2%。

表 3-1　中国上榜企业地区分布

年份	东部	东北	东部（含东北）	中部	西部	中西部	港澳台	上榜企业数量
2009	33	1	34				9	43
2010	39	1	40	2		2	12	54
2011	52	1	53	3		3	13	69
2012	63	2	65	4		4	10	79
2013	72	2	74	10	1	11	10	95
2014	78	2	80		11	11	9	100
2015	79	2	81	10	2	12	13	106
2016	87	1	88	7	2	9	13	110
2017	92	1	93	7	3	10	12	115
2018	90	2	92	7	4	11	17	120
2019	95	2	97	10	5	15	17	129
2020	99	2	101	10	6	16	17	133
2021	110	2	112	7	7	14	17	143
2022	108	2	110	8	11	19	16	145

台湾地区企业名称	2022 年排名
鸿海精密工业股份有限公司	20
台湾积体电路制造股份有限公司	225
和硕联合科技股份有限公司	311
仁宝电脑工业股份有限公司	317
广达电脑股份有限公司	349
国泰金融控股股份有限公司	376
富邦金融控股股份有限公司	440
纬创集团	462
台湾中油股份有限公司	475

香港地区企业名称	2022 年排名
中国华润有限公司	70
招商局集团有限公司	152
联想集团有限公司	171
友邦保险控股有限公司	288
中国太平保险集团有限责任公司	334
长江和记实业有限公司	393
怡和集团	397

2022 年，东部和东北地区上榜企业数量合计 110 家，营业收入规模占比从 2009 年的 87.6% 下降至 84.1%，下降了 3.5 个百分点。

2022 年，中西部地区上榜企业数量合计 19 家，营业收入规模占比从 2010 年的 2.8% 上升至 7.6%，提高了 4.8 个百分点。

图 3-7　中国上榜企业东部、中西部地区营业收入及增速变化情况

中国内地上榜企业集中分布在东部地区。东部地区上榜企业数量增长最快，从 2009 年的 33 家增加到 2022 年的 108 家，营业收入占比一直保持在 80% 以上，行业分布多元，金融、外贸、互联网等产业竞争优势明显。上榜数量、营业收入占比和行业分布的明显优势，反映出我国东部地区经济发展区位优势突出，长期以来是我国经济发展的领头羊。

中西部区域加快发展的趋势逐步显现。2010 年，中部实现世界 500 强上榜企业零的突破，2013 年以来数量相对稳定，2022 年共有 8 家企业上榜；2013 年，西部地区实现世界 500 强上榜企业零的突破，至

2022 年，突破两位数，共有 11 家企业上榜。中西部地区上榜企业数量合计为 19 家。中西部上榜企业目前分布在采矿和原油生产、金属产品、工程与建筑等行业。其中，采矿和原油生产、金属产品行业的企业数量居前两位，分别为 11 家和 5 家，工程与建筑类企业 3 家，总体上反映出中西部地区的资源禀赋和区位特点。

东北地区上榜企业数量最少且鲜有增加。2009 年，一汽集团成为东北地区首家进入世界 500 强榜单的企业；2012 年，鞍钢集团成为东北地区第二家进入世界 500 强榜单的企业。

表 3-2 2022 年中国内地主要省（市）上榜企业基本情况 　　　　　　　　　　　　　　　　　　单位：家、亿美元

省（区、市）	上榜数量	营业收入	利润	平均营业收入	平均利润
北京	54	59196.7	3099.5	1096.2	57.4
广东	17	11879.9	1094.9	698.8	64.4
上海	12	8488.3	465.6	707.4	38.8
台湾	9	5320.3	377.3	591.1	41.9
浙江	9	5695.0	169.0	632.8	18.8
香港	7	4286.0	291.9	612.3	41.7
山东	6	3230.4	69.3	538.4	11.5
福建	5	3766.7	171.5	753.3	34.3
江苏	3	2145.6	55.9	715.2	18.6
山西	3	1420.1	−10.4	473.4	−3.5
四川	3	1042.7	11.1	347.6	3.7
新疆	3	1414.7	57.1	471.6	19.0
安徽	2	752.1	19.7	376.1	9.9
河北	2	1030.3	11.1	515.2	5.6
陕西	2	1131.1	11.4	565.6	5.7
甘肃	1	409.6	9.6	409.6	9.6
广西	1	319.6	0.8	319.6	0.8
湖北	1	861.2	14.4	861.2	14.4
湖南	1	340.6	12.7	340.6	12.7
吉林	1	1094.0	36.0	1094.0	36.0
江西	1	709.1	4.6	709.1	4.6
辽宁	1	594.5	11.4	594.5	11.4
云南	1	318.8	2.8	318.8	2.8

注：根据《中共中央、国务院关于促进中部地区崛起的若干意见》《国务院关于西部大开发若干政策措施的实施意见》，
　　我国大陆经济区域划分为东部、中部、西部和东北四大地区。东部地区包括北京、天津、河北、山东、江苏、上
　　海、浙江、福建、广东和海南共 10 省（直辖市）；中部地区包括山西、河南、安徽、湖北、湖南、江西共 6 省；
　　西部地区包括内蒙古、陕西、甘肃、宁夏、青海、重庆、四川、贵州、云南、广西、新疆和西藏共 12 省（直辖市、
　　自治区）；东北地区包括辽宁、吉林和黑龙江共 3 省。

17

改革开放
动力红利

**从高增长经济转向高质量发展的
改革开放之路**

改革开放是党和人民大踏步赶上时代的重要法宝，是坚持和发展中
国特色社会主义的必由之路，是决定当代中国命运的关键一招，也
是决定实现'两个一百年'奋斗目标、实现中华民族伟大复兴的关
键一招。**

——习近平在庆祝改革开放四十周年大会上的重要讲话

2001 年，中国 GDP 总值 1.3 万亿美元，位列全球第七；2004 年到 2010 年，中国 GDP 总值先后超过意大利、法国、英国、德国和日本。2021 年中国 GDP 总值 17.7 万亿美元，与美的差距日益缩小。**中国经济实现历史性跃升的背后是中国企业的高速发展**。中国上榜企业营业收入规模总量从 2001 年的 0.3 万亿美元，增长至 2022 年的 11.5 万亿美元，增长约 41 倍；平均利润规模从 11.3 亿美元增长至 41.3 亿美元。2022 年，中国上榜企业人均营业收入 48.5 万美元，是 2001 年人均营业收入的近 11 倍。中国企业人均营业收入总体波动上升，尤其是 2017 — 2022 年，人均营业收入逐年稳定上升，企业发展质量效益提高。

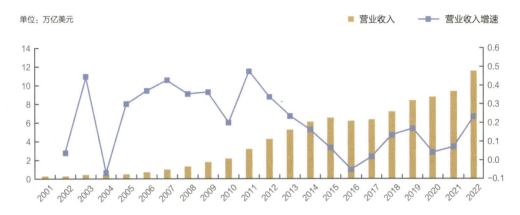

图 3-8　中国上榜企业营业收入及增速变化情况

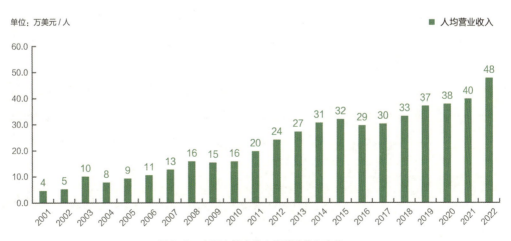

图 3-9　中国上榜企业人均营业收入变化

18

技术跨越
创新驱动

学习消化吸收再创新与高水平自主创新
并重的自立自强之路

坚持科技是第一生产力、人才是第一资源、创新是第一动力，深入
实施科教兴国战略、人才强国战略、创新驱动发展战略，开辟发展
新领域新赛道，不断塑造发展新动能新优势。

——习近平在中国共产党第二十次全国代表大会上的报告

2012 — 2021 年，中国全社会研发投入从 1.03 万亿元增长到 2.79 万亿元，研发投入强度从 1.91% 增长到 2.44%。研发经费总量稳居全球第二，国内发明专利、PCT 国际申请量跃居全球第一，在集成电路、5G 通信、高速铁路、能源等领域有效填补多个领域空白。2022 年，中国的全球创新指数排名从 2012 年的第 34 位上升至第 11 位。

大企业的科技创新主体地位不断凸显。世界 500 强的华为、阿里巴巴、腾讯、中国建筑、中国铁路、中国交建、中国铁建、中国石油、中国石化、国家电网、中国中车等中国企业保持高强度的研发投入。2021 年，**中国 500 强的企业研发费用 14474.67 亿元，占 2021 年全社会研发投入的 51.95%，持有专利 166.80 万件，其中发明专利 67.29 万件。**

国有企业特别是中央企业是实现高水平科技自立自强的顶梁柱。2012 — 2021 年，中央企业累计投入研发经费 6.2 万亿元，年均增速超过 10%，2021 年研发投入强度达到 2.5%，比 2012 年提高 0.8 个百分点。2021 年，中央企业荣获国家技术发明奖和国家科技进步奖数占同类奖项总数的 49%，为历年最高。2021 年底，中央企业研发机构数量 5327 个，其中国家重点实验室 91 个。

民营企业走在科技创新的前沿。我国民营企业研发投入占全国企业研发投入的比例约为 60%，发明专利申请数占比约为 50%，新产品销售收入占比约为 65%。专精特新企业的 80% 是民营企业。我国资本市场创业板、科创板的 70% ~ 80% 是民营企业。独角兽企业的 90% 以上是民营企业。波士顿咨询公司与《财富》杂志发布的未来企业前 50 名，入围的 16 家中国企业均为民营企业。

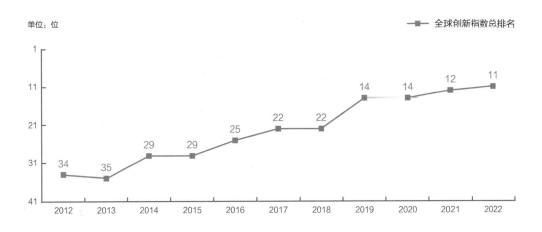

图 3-10　中国在全球创新指数中的总排名变化

19

国民共进
　携手同行

**坚持以公有制为主体，多种所有制
共同发展的国民共进之路**

坚持和完善社会主义基本经济制度，毫不动摇巩固和发展公有制经济，毫不动摇鼓励、支持、引导非公有制经济发展，充分发挥市场在资源配置中的决定性作用，更好发挥政府作用。加快国有经济布局优化和结构调整，推动国有资本和国有企业做强做优做大 …… 优化民营企业发展环境 …… 促进民营经济发展壮大。**"**

——习近平在中国共产党第二十次全国代表大会上的报告

1996 年，中国大陆上榜企业只有 2 家国有企业，没有民营企业。

2001 年，国有企业 11 家。

2005 年，国有企业 15 家。

2008 年，国有企业 25 家、民营企业 1 家。

2012 年，国有企业 64 家、民营企业 6 家。

2022 年，国有企业 99 家、民营企业 34 家，民营企业数量在中国大陆上榜企业中的占比增长至 25.6%。

国有企业自 1996 年起上榜数量保持上升趋势，民营企业自 2008 年起迅速崛起。

1996 年，中国银行进入世界前 200 强；

1999 年，中国石化进入世界前 100 名；

2004 年，国家电网进入榜单前 50 名；

2009 年，中国石化进入榜单前 10 名；

2015 — 2021 年，国家电网、中国石油、中国石化稳居榜单前 5 强。

2008 年，联想集团成为我国首家入榜的民营企业，位列第 499 位；2012 年，6 家民营企业入榜，最高排名是 242 名；2015 年，民营企业首次进入前 100 名；2021 年，平安保险位列第 16 名，是目前为止民营企业最高排名。

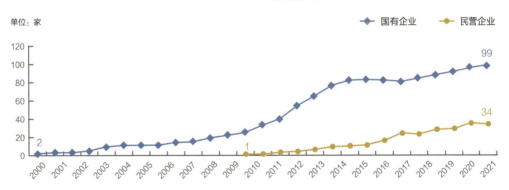

图 3-11　国有企业、民营企业上榜企业数量变化

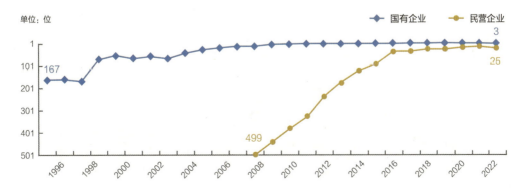

图 3-12　国有企业、民营企业上榜企业最高排名

2010 — 2022 年，中国上榜中央企业营业收入占比从 91.9% 下降到 59.8%，一直是世界 500 强中国上榜企业的中坚。在世界 100 强中， 2013 年之前的入榜中国企业均为中央企业，2013 年后，随着地方国有企业和民营企业不断崛起，中央企业数量占比逐步下降至 2022 年的 73.5%。

图 3-13　中央企业营业收入占比及前 100 名中央企业数量占比

地方国有企业大多集中在采矿、原油生产、金属产品等行业。自 2009 年河钢集团首次上榜后，地方国有企业上榜数量不断增加，从 2010 年的 3 家，上升至 2022 年的 40 家；营业收入占世界 500 强中国上榜企业的比重，从 2010 年的 4.6%，持续增加到 2022 年的 20%。

图 3-14　上榜地方国有企业数量及营业收入占比变化

40 年来，我国民营经济从小到大、从弱到强，不断发展壮大，贡献了 50% 以上的税收，60% 以上的国内生产总值，70% 以上的技术创新成果，80% 以上的城镇劳动就业，90% 以上的企业数量。2012 年以来，民营经济在 GDP 中的占比提升了 10 多个百分点，成为中国经济增长的重要贡献者。

2008 年，联想集团首次上榜；2015 年，上榜民营企业分布在 11 个行业；2022 年，上榜民营企业分布在 16 个行业。与国有企业相比，民营企业是更为灵活的市场经营主体，为社会创造价值更多直接体现为经营绩效，民营企业销售净利率高于中央国有企业和地方国有企业。

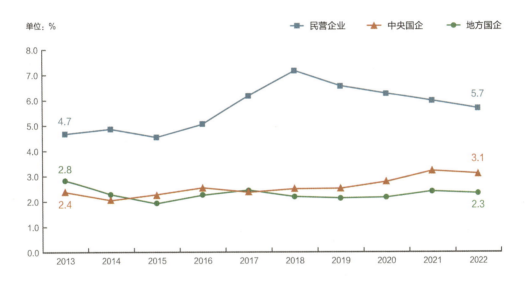

图 3-15　上榜中央企业、地方国企和民营企业销售净利率

中国企业进入世界 500 强的历程表明，国有企业与民营企业发展统一于中国特色社会主义的建设进程，共同为中国式现代化奉献了蓬勃生机和旺盛活力。国有经济是我国国民经济的主导力量，民营经济是社会主义市场经济的重要组成部分，构成了我国社会主义基本经济制度的重要内容，形成了我国公有制为主体、多种所有制共同发展的国民共进格局。

20

任重道远
责任艰巨

正视差距，守正创新，奋勇前行的
踔厉奋进之路

全面建设社会主义现代化国家，是一项伟大而艰巨的事业，前途光明，任重道远。…… 今天，我们比历史上任何时期都更接近、更有信心和能力实现中华民族伟大复兴的目标，同时必须准备付出更为艰巨、更为艰苦的努力。

——习近平在中国共产党第二十次全国代表大会上的报告

1996 年以来，世界 500 强中国上榜企业数量不断增长，创造了全球企业发展的奇迹。但要清醒认识到，世界 500 强更多是代表规模体量，中国企业的跨越式发展得益于我国超大规模市场优势，得益于参与全球产业分工和合作的难得历史机遇。当前，世界百年未有之大变局加速演进，新一轮新科技革命和产业变革深入发展，战略机遇与风险挑战并存，**创建掌握关键技术、具备全球竞争优势、拥有世界知名品牌和全球影响力的世界一流企业任重道远、使命艰巨、责任艰巨，需要承认差距、正视短板、应对挑战。**

需要进一步提升质量与效益。2022 年，中国上榜企业平均销售利润率 5.2%、总资产收益率 1.2%、净资产收益率 9.5%，相比美国企业的 11.1%、3.2% 和 21.9%，有着明显差距。特别是美国上榜企业的平均利润高达 100.5 亿美元，几乎是中国上榜企业 41.3 亿美元的 2.5 倍。中美两国企业的利润差距，更多是因为国情与企业性质差异，但中国企业在销售利润率、净资产收益率、全员劳动生产率、全要素生产率等质量效益指标方面确实还有不少提升空间。

需要更好地融入加快建设现代化产业体系的时代进程。2022 年，中国上榜企业覆盖行业还只占世界 500 强行业总数的 56.1%，57 个行业中还有 25 个行业尚未有中国企业上榜，与美国的 48 个行业相比，也还有 16 个行业的差距。中国上榜企业的优势行业还主要集中在金属、采矿与原油生产、银行、房地产等传统行业。高产业附加值的医疗器材和设备、制药、保健行业，还有技术密集型的半导体和电子元件、科学摄影和控制设备、计算机软件等行业，特别是在生命科学、芯片制造等新兴行业，与国际领先水平还存在着不小差距。

需要进一步实现科技自立自强。中国企业有着世界一流的科技成果转化能力和超大规模生产能力，但是创新更多地还停留在集成创新、引进消化吸收再创新层面，企业科技创新主体地位需要进一步凸显，原始创新能力和颠覆性创新能力亟须进一步提高。要持续加大科技创新基础能力建设，扩大国际科技交流合作，形成具有全球竞争力的开放创新生态，推进高水平的科技自立自强。

需要进一步抓住全球市场机遇。2001 年，中国加入世界贸易组织，开放合作的中国企业发展了自己，造福了世界。入世为中国企业带来了广阔的外部市场，极大促进了中国企业的市场化、法治化、国际化进程。但全球资源配置和整合能力还需要提升，需要加快依托我国超大规模市场优势，以国内大循环吸引全球资源要素，增强国内国际两个市场两种资源联动效应，用好稳步扩大规则、规制、管理、标准等制度型开放红利，抓住全球市场新机遇新空间，塑造发展新动能新优势。

21

自信自强
勇毅前行

加快建设中国特色世界一流企业的
四个自信之路

从来就没有教科书，更没有现成答案。党的百年奋斗成功道路是党领导人民独立自主探索开辟出来的，马克思主义的中国篇章是中国共产党人依靠自身力量实践出来的，贯穿其中的一个基本点就是中国的问题必须从中国基本国情出发，由中国人自己来解答。"

——习近平在中国共产党第二十次全国代表大会上的报告

坚持从中国企业大踏步赶上时代的历史进程中汲取力量和自信。 回顾中国企业进入世界 500 强的艰辛追赶历程，我们有理由充满自信。1996 年，中国大陆仅有 2 家企业上榜，但我们仅用了 15 年的时间，就以 69 家的上榜数量超过日本，自 2011 年以来稳居世界第二；此后更是仅用了 8 年时间追平美国，上榜企业达到 129 家，与 2011 年相比上榜企业数量几乎翻了一番，此后连续四年稳居第一。2022 年，中国上榜企业更是在营业收入规模上首次超越美国，实现了从上榜数量第一到营业收入规模第一的新跨越，创造了世界 500 强历史的国别发展奇迹。

从行业分布分析， 1996 — 2022 年，中国上榜企业覆盖的行业从 4 个迅速增长至 32 个，营业收入排名前三的行业从 2 个到 29 个，其中 19 个行业排名第一，行业发展呈现全面崛起态势。虽然与美国的 48 个行业相比，中国企业还有 16 个行业的差距；排名第一的行业，与美国的 32 个相比，也还有 13 个行业的差距，但时间站在中国企业这边。**从区域分布分析，** 我国中西部地区从 2010 年的仅有 2 家企业上榜增加到 2022 年的 19 家，营业收入比重从 2.8% 增加到 7.6%，稳步提升态势明显。随着国家区域协调发展战略和新型城镇化战略的深入推进，以及西部大开发形成新格局和中部地区的加快崛起，**我们完全有理由期待中国企业进入世界 500 强的道路会越走越宽广，区域和行业分布会越来越广泛。**

坚持从我国经济发展的大环境、大逻辑和大趋势中汲取力量和自信。 我国经济发展有着长期稳定的社会环境，经济发展潜力足、韧性大、动力强，将长期保持蓬勃生机和旺盛活力。无论国际风云如何变幻，中国经济稳中向好、长期向好的基本面不会变，中国经济发展具有的多方面优势和条件不会变，特别是随着加快构建以国内大循环为主体、国内国际双循环相互促进的新发展格局，能够为中国企业高质量发展持续提供广阔空间。

随着高水平社会主义市场经济体制的加快构建，有效市场在资源配置中的决定性作用和更好发挥政府作用的成熟定型，全国统一大市场、高标准市场体系和市场经济基础制度的加快完善，特别是随着我国科教兴国战略、人才强国战略、创新驱动发展战略的深入实施，**我国经济的发展韧劲和增长潜力将持续释放，超大规模市场优势和中国特色社会主义制度的显著优势将会充分彰显，必将积极推动中国企业开辟发展新领域新赛道、塑造发展新动能新优势。** 只要中国企业能够扎根中国大地办企业，能够推进高水平对外开放办企业，坚定不移做好自己的事情，不断增强科技创新能力，不断提升企业核心竞争能力和综合实力，**就一定能抓住发展战略机遇，持续书写高质量发展的精彩篇章，持续在全球竞技舞台上大放异彩，成功走出一条具有中国特色的世界一流企业创建之路。**

|肆|

从世界 500 强能源电力企业看中国经济快速发展和中国式现代化道路

能源电力是观察中国经济和中国式现代化道路的重要行业样本

能源电力是国民经济的先行产业，是反映一国经济和发展道路的重要行业样本。报告选取 2001 — 2022 年能源电力行业数据，回顾中国能源电力企业的世界 500 强历程，从能源电力行业切面理解中国经济快速发展故事和中国式现代化道路。

22

世界 500 强版图中的全球能源电力企业

能源电力企业在世界 500 强版图中举足轻重。2022 年，世界 500 强能源电力企业 73 家，占比 14.6%；营业收入 7.1 万亿美元，占比 18.9%；前 100 名中有 22 家能源电力企业。

能源电力企业样本

本章选取的 2001 — 2022 年能源电力企业样本涵盖采矿与原油生产、公用设施、公用事业（天然气和电力）、炼油、能源、电力、油气设备与服务 7 个细分行业，包含采矿与原油生产行业的嘉能可、力拓集团、巴西淡水河谷、英美资源集团，公用设施行业的威立雅集团，它们的业务领域只包括一部分能源业务。

2022 年世界 500 强能源电力企业排名分布

单位：家

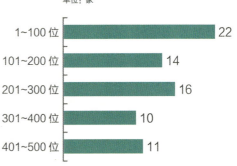

1~100 位	22
101~200 位	14
201~300 位	16
301~400 位	10
401~500 位	11

2001 — 2022 年，世界 500 强能源电力企业数量在 64~103 家波动，占世界 500 强的比重大约为 15%。 2003 年，世界 500 强能源电力企业数量最低，为 64 家；2013、

2014 年和 2015 年，世界 500 强能源电力企业数量均超过 100 家，此后数量波动下降，2022 年为 73 家。

单位：家

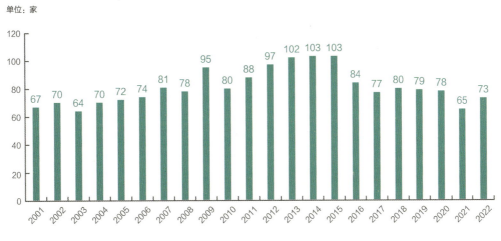

图 4-1　世界 500 强能源电力企业数量

2001 — 2022 年，能源电力行业企业营业收入占世界 500 强营业收入的比重平均约为 20%。 营业收入最低是 2003 年的

2.1 万亿美元，占比为 14.7%；营业收入最高是 2014 年的 8.5 万亿美元，占比为 27.4%。

单位：万亿美元　　■ 能源电力企业营业收入　　● 占世界 500 强比重　　单位：%

图 4-2　世界 500 强能源电力企业营业收入及占比

23

世界 500 强版图中的中国能源电力企业

2001 — 2022 年，中国能源电力企业数量从 3 家增加到 19 家，占世界 500 强能源电力企业数量的比重从 4.5% 增加到 26.0%；营业收入从 1296 亿美元增加到 22910 亿美元，占比从 5.7% 增加到 32.1%。2022 年，资产合计 40226 亿美元，占世界 500 强能源电力企业的 34.5%。

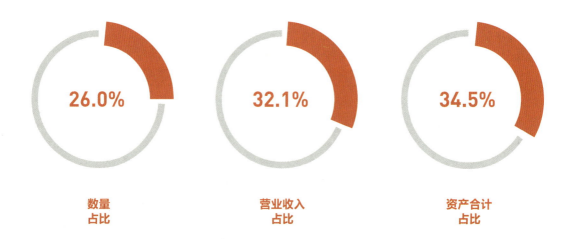

26.0%　　32.1%　　34.5%

数量
占比

营业收入
占比

资产合计
占比

2001 年，中国能源电力企业 3 家上榜，2007 年 7 家，2010 年 11 家，超越美国的 10 家和日本的 9 家；2015 年达到最高的 28 家；2022 年下降至 19 家。

2001 — 2022 年，中国能源电力企业营业收入从 1295.8 亿美元增至 22910.3 亿美元，营业收入占比最低是 2003 年的 4.4%，最高是 2021 年的 35.5%。

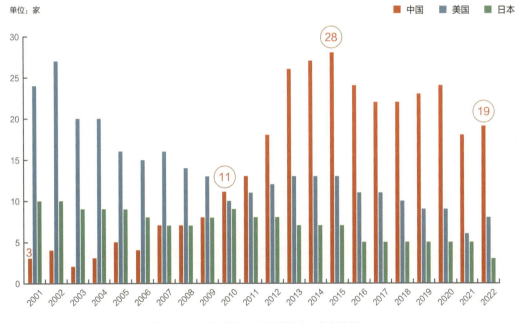

图 4-3　中国、美国、日本能源电力企业数量

图 4-4　中国能源电力企业营业收入及占比

24

从中国能源电力企业 看中国经济快速发展

能源电力行业是国民经济的重要先行产业，是经济快速发展的先导。2001 — 2011 年，中国能源电力企业营业收入的世界 500 强占比从 5.7% 增长到 17.2%，中国 GDP 占全球 GDP 比重从 4% 增长至 9.1%；2012 — 2022 年，中国能源电力企业营业收入的世界 500 强占比从 19.0% 增长到 32.1%，中国 GDP 占全球 GDP 比重从 10.2% 增长至 18.5%。

2012 — 2022 年，世界 500 强中国能源电力企业营业收入、资产合计占世界 500 强中国企业的比重分别从 2012 年的 35.6%、13.0% 降至 2022 年的 19.8%、8.1%。同期中国单位 GDP 能耗从 2012 年的 0.77 吨标准煤 / 万元，下降至 2021 年的 0.56 吨标

准煤 / 万元，年均同比下降 3.5%，GDP 年均增长 6.7%。可以看出，能源电力行业作为支撑经济社会快速发展的基础产业和先导行业，要一直保持先行投入和持续投入，其行业价值和发展空间更多地体现为对国民经济其他行业的有力支撑。

图 4-5　中国能源电力企业营业收入、资产占世界 500 强中国企业比重

图 4-6　中国单位 GDP 能耗与 GDP 增长率

2001 — 2011 年，中国上榜电力企业营业收入占世界 500 强电力企业比重从 9.3% 增至 31.7%；资产合计的世界 500 强占比从 14.7% 增至 26.8%。

2012 — 2022 年，中国上榜电力企业营业收入占世界 500 强电力企业比重从 35.7% 增至 54.4%；资产合计的世界 500 强占比从 26.8% 增至 49.8%。

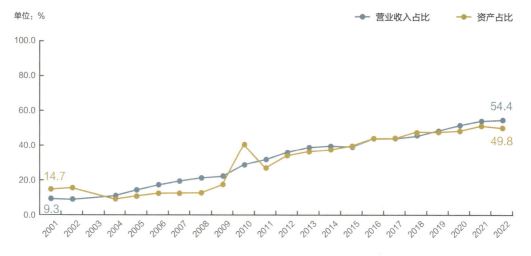

图 4-7　中国电力企业营业收入、资产合计占世界 500 强电力企业比重

2001 — 2011 年，中国电力企业营业收入从 425 亿美元增至 3968 亿美元，增长超过 8 倍；资产合计从 1499 亿美元增至 7342 亿美元，增长近 4 倍。

2012 — 2022 年，中国电力企业营业收入从 5164 亿美元增至 8610 亿美元，平均增长率 5.2%；资产合计从 10188 亿美元增至 19302 亿美元，平均增长率 6.6%。

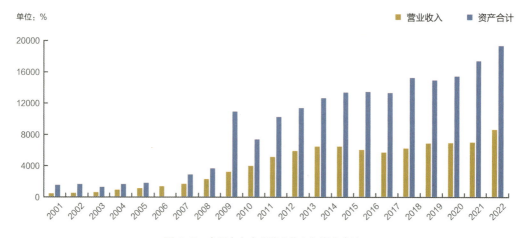

图 4-8　中国电力企业营业收入与资产合计

电力是国民经济发展的血液和命脉。中国电力企业为经济社会发展提供了源源不断的动力，全社会用电增长与经济发展情况息息相关。2001 — 2021 年，中国全社会用电量平均增长率为 9.2%，GDP 平均增长率为 8.6%。

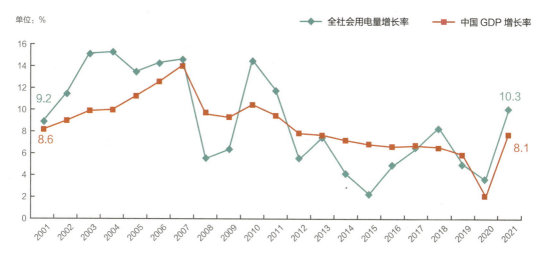

图 4-9　2001 — 2021 年中国全社会用电量增长率与 GDP 增长率变化

2012 — 2021 年，第一产业用电量占比从 2.3% 下降至 1.4%；第二产业用电量占比从 84.6% 下降至 78.6%；第三产业用电量占比从 13.1% 上升至 19.9%。

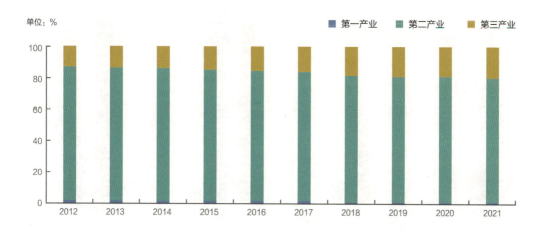

图 4-10　2012 — 2021 年中国第一、二、三产业用电量变化

25

以国资央企为主体的
中国能源电力企业

中国能源电力企业（不含台湾地区企业）以中央与地方国有企业为
主体，中央企业占主导地位，地方能源电力企业发展迅速。2022年，
能源电力央企上榜 12 家，地方国有能源电力企业上榜 6 家。

单位：家

■ 能源电力央企　　■ 地方国有能源电力企业　　■ 民营能源电力企业

2001 — 2022 年，能源电力央企上榜数量从 3 家增至 12 家。地方国有能源电力企业从 2011 年的 2 家增至 2015 年最高的 13 家，之后回落至 2022 年的 6 家，数量减少主要是地方国有企业重组整合力度加大。

图 4-11　中国能源电力企业所有制结构情况

2012 年，能源电力央企营业收入为 13194 亿美元，占比为 91%；地方国有能源电力企业营业收入为 1328 亿美元，占比为 9%。2015 年，能源电力央企营业收入为 16503 亿美元，占比为 78%；地方国有能源电力企业营业收入为 4285 亿美元，占比为 20%。2022 年，能源电力央企营业收入为 18859 亿美元，占比为 83%；地方国有能源电力企业营业收入为 3751 亿美元，占比为 17%。

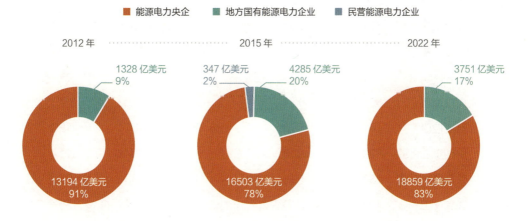

图 4-12　中国能源电力企业的中央企业、地方国企、民营企业收入及占比

2022 年，世界 500 强中国能源电力企业有 12 家中央企业、6 家地方国有企业。其中，国家电网、中国石油、中国石化位列前 5，中海油、国家能源集团、南方电网位列前 100；6 家地方国有能源电力企业分布在山东、山西、陕西三省，山东能源是唯一进入前 100 名的地方能源电力国企。2022 年，世界 500 强中国能源电力央企营业收入 18859 亿美元，资产合计 34114 亿美元，股东权益合计 11071 亿美元，分别是地方国有能源电力企业的 5 倍、6 倍、14 倍。

表 4-1　2022 年中国能源电力企业基本情况　　　　　　　　　　　　　　　　　单位：亿美元

序号	公司名称	2022 年排名	营业收入	净利润	总资产	归属于母公司的所有者权益
中央企业						
1	国家电网	3	4606	71	7354	3102
2	中国石油	4	4117	96	6600	3133
3	中国石化	5	4013	83	3807	1335
4	中海油	65	1269	92	2094	997
5	国家能源集团	85	1071	55	2987	722
6	南方电网	89	1041	13	1704	628
7	中国华能	215	600	7	2109	190
8	国家电投	260	515	−2	2347	256
9	中国中煤	297	467	7	698	127
10	中国华电	326	429	4	1493	179
11	中核工业	364	383	12	1614	272
12	中国大唐	411	347	−29	1307	129
地方国企						
1	山东能源	69	1200	2	1183	175
2	晋能控股	163	746	−3	1671	120
3	陕西煤业化工	209	613	6	1042	112
4	陕西延长石油	257	518	5	733	240
5	潞安化工	422	340	−3	464	55
6	山西焦煤	431	334	−4	715	91

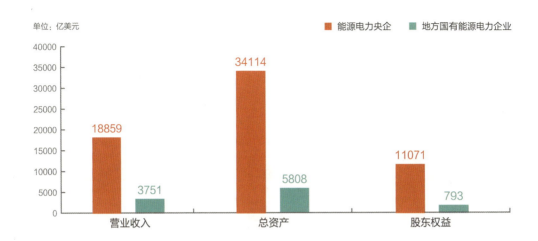

图 4-13　中央和地方能源电力企业主要经营指标对比

我国进入世界 500 强的能源电力企业以国资央企为主，净资产收益率整体低于世界 500 强企业平均水平和世界 500 强能源电力企业平均水平；资产负债率大幅低于世界 500 强企业平均水平，但略高于世界 500 强能源电力企业平均水平。

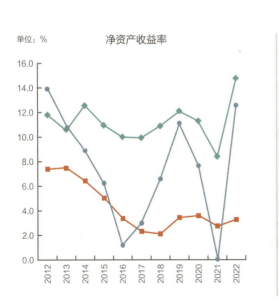

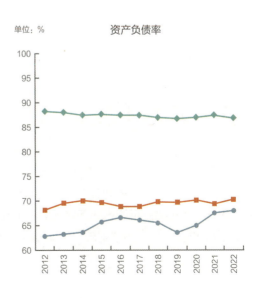

|伍|

以习近平新时代中国特色社会主义思想为指引 谱写好中国式现代化的世界一流企业篇章

中国式现代化一直在路上

世界 500 强是中国企业洞察全球经济发展大势，创建中国特色世界一流企业的重要舞台。要坚持胸怀天下，拓展世界眼光，以海纳百川的宽阔胸襟借鉴吸收全球一切优秀企业发展成果，持续谱写中国式现代化的世界一流企业篇章。

26

推进实践基础上的理论创新
谱写好中国式现代化的
世界一流企业篇章

实践没有止境，理论创新也没有止境。世界一流企业是国家经济实力、科技实力、国际竞争力的重要体现，是引领全球产业发展和技术创新的关键力量。中国企业进军世界 500 强的进程，为洞察世界一流企业发展规律和中国经济发展规律提供了独特视角，为从我国基本国情出发，结合时代要求，持续推进实践与理论创新，加快创建具有中国特色的世界一流企业提供了重要启示与前进方向。

中国企业在世界 500 强中快速崛起的历程，为我们理解中国经济崛起、洞察中国企业发展规律提供了独特视角。1996 — 2022 年，中国上榜企业从上榜数量占比不足 1%，营业收入规模占比仅有 0.5%，发展到 2022 年的 29% 和 30.6%，上榜数量和营业收入规模同时超过美国，位居全球第一。上榜企业利润规模从 20 亿美元，持续快速增长至近 6000 亿美元，是全球唯一一个利润规模持续增长的国家。中国企业快速崛起的背后，是中国经济的跨越式发展与国家经济实力的历史性跃升，2006 — 2021 年，中国 GDP 规模占全球 GDP 的比重，从 2.4% 快速上升至 18.5%。

同样的，**我们可以通过世界 500 强企业的国别格局演变，以一个独特视角洞察大国经济实力消长，为理解各国大型企业的发展环境、发展基础提供重要窗口**。1996 — 2022 年，世界 500 强企业的国别格局呈现为中国企业比重快速提升，日本企业比重持续下降，欧洲国家企业份额不断减少，美国企业地位开始面临越来越为严峻的挑战。这背后几乎是不可逆转的世界经济格局演变的历史进程。一国企业发展归根结底离不开国家经济实力的根本支撑。随着中国经济持续快速走向世界舞台的中央，中国企业的核心竞争力和综合实力的持续提升，同样是不可逆转的历史进程。同时，也只有中国企业的高质量发展，才能长期推动中国经济从高速发展不断迈向高质量发展。

中国企业在世界 500 强中快速崛起的历程，为我们加快创建具有中国特色的世界一流企业建设规律提供了重要启示。世界 500 强企业的高质量发展是各种宏观和微观因素、硬件和软件要素相互交织、融合作用的结果，其所形成的路径依赖、制度依赖、文化依赖、动力依赖，能够为我们洞察世界一流企业的创建密码提供独特经验和启示。中国企业要持续实现做强做优做大，加快建设产品卓越、品牌卓著、创新引领、治理现代的世界一流企业，一方面，要从基本国情出发，把自身发展自觉放在中国式现代化建设全局之中，适应新一轮科技革命和产业变革深入发展新形势新要求，在加快构建高水平社会主义市场经济体制、高质量建设现代化经济体系中不断发展壮大，在全面建设社会主义现代化国家、实现第二个百年奋斗目标进程中实现更大发展、发挥更大作用；另一方面，要依托我国不断扩大的超大规模市场优势，以国内大循环吸引全球资源要素，增强国内国际两个市场两种资源联动效应，不断提升全球竞争力，加快培育享誉全球的知名品牌，全面增强面向全球的资源配置和整合能力，将我国超大规模市场优势转化为国际竞争优势，成为主导全球产业链供应链价值链创新链的"链主"企业，持续拓展中国企业在全球竞技舞台的发展空间，为世界一流企业建设贡献中国智慧、中国样本和中国道路，从实践出发推进理论创新，谱写好中国式现代化的世界一流企业篇章。

27

以六个必须坚持的高度自觉
谱写好中国式现代化的
世界一流企业篇章

持续深化前瞻性思考、全局性谋划、整体性推进，以中国式现代化全面推进中华民族伟大复兴，是当代中国人的庄严历史责任。运用好习近平新时代中国特色社会主义思想的世界观和方法论，自觉坚持人民至上、坚持自信自立、坚持守正创新、坚持问题导向、坚持系统观念、坚持胸怀天下，全力谱写好中国式现代化的世界一流企业篇章，中国企业永远在路上。

自觉坚持人民至上

谱写好新时代中国式现代化的世界一流企业篇章，**必须自觉坚持以人民为中心的发展思想，**在持续满足人民日益增长的美好生活需要的过程中，更好地走向全球舞台，在更高层次以更高水平与各国企业同台竞技；同时站稳人民立场、把握人民愿望、尊重人民创造、集中人民智慧，在持续高质量走向全球舞台的过程中，更好地满足人民日益增长的美好生活需要。依托我国超大规模市场优势，以国内大循环吸引全球资源要素，增强国内国际两个市场两种资源联动效应，不断提升参与全球产业分工和合作的深度、广度和厚度，不断提升与全球企业同台竞技的能力、质量和水平，以新时代创建世界一流企业的新成效、新突破，维护人民根本利益，增进社会民生福祉。

自觉坚持自信自立

谱写好新时代中国式现代化的世界一流企业篇章，**必须自觉运用好习近平新时代中国特色社会主义思想的世界观和方法论，**坚持从我国基本国情出发，由自己来解答中国特色世界一流企业的创建与发展问题。遵循社会主义市场经济规律和世界一流企业发展规律，顺应时代发展大势，洞察企业文明潮流，在推动构建新发展格局和建设现代化经济体系的历史进程中，实现自身的发展壮大，坚定道路自信、理论自信、制度自信、文化自信，既杜绝刻舟求剑、封闭僵化，也绝不照抄照搬、食洋不化，始终坚持以更加积极的历史担当和创造精神，积极探索中国特色世界一流企业创建之路，积极探索创造企业文明新形态。

自觉坚持守正创新

谱写好新时代中国式现代化的世界一流企业篇章，**必须自觉坚持马克思主义基本原理不动摇，坚持党的全面领导不动摇，坚持中国特色社会主义不动摇，确保企业发展正确方向**。同时，必须自觉紧跟时代步伐，自觉顺应实践发展，着力推进新时代改革创新，坚定不移推进全球化发展，坚持把发展的着力点放在实体经济上，坚持把发展进步放在自己力量的基点上，锐意进取，勇毅前行，主动识变应变求变，持续提升全球竞争力和全球资源配置与融合能力，在不断深化市场化改革、加快建设现代化产业体系中创建中国特色世界一流企业，在不断完善中国特色现代企业制度，深化市场化、法治化、国际化运营中创建中国特色世界一流企业。

自觉坚持问题导向

谱写好新时代中国式现代化的世界一流企业篇章，**必须自觉增强问题意识，聚焦企业市场化、法治化、国际化发展实践遇到的新问题，聚焦中国特色现代企业制度建设的深层次问题，聚焦做强做优做大国有企业和促进民营经济发展壮大的重大问题，不断提出真正解决问题的新理念新思路新办法**。当前，世界 500 强中国上榜企业已经实现上榜数量和营业收入的全球领跑，在一大批领域打造了一批具有较强竞争力的行业领军企业，但高水平的科技自立自强仍任重道远，发展质量效益与中央和人民的期望相比还有差距，产业链供应链韧性、安全水平和治理能力还需要进一步提升，全球资源配置和整合能力还需要进一步提升，综合竞争实力、品牌影响力和国际话语权还需要进一步提升。

自觉坚持系统观念

谱写好新时代中国式现代化的世界一流企业篇章，**必须自觉用普遍联系的、全面系统的、发展变化的观点洞察世界企业发展大势，理解企业发展与国家发展全局的紧密联系，**不断提高战略思维、历史思维、辩证思维、系统思维、创新思维、法治思维、底线思维能力，为前瞻性思考、全局性谋划、整体性推进中国特色世界一流企业的创建与发展提供科学思想方法。善于通过历史看现实、透过现象看本质，深刻理解一流企业在构建新发展格局中的强大支撑功能，推动形成供需互促、产销并进、畅通高效的国内大循环，助力打通生产、分配、流通、消费等各环节的堵点，促进构建全国统一大市场、深化要素市场化改革和建设高标准市场体系，服务国内国际双循环相互促进和高质量发展。

自觉坚持胸怀天下

谱写好新时代中国式现代化的世界一流企业篇章，**必须自觉拓展世界眼光，深刻洞察世界之变、时代之变、历史之变，肩负起共同构建人类命运共同体、共同推动建设更加美好世界的进步使命。**在促进全球产业链供应链价值链创新链深度融合、创建中国特色世界一流企业的过程中，不断扩大同各国利益的汇合点，拓展平等、互惠、互信、开放、合作的全球伙伴关系，服务推动构建新型国际经济关系。在创建中国特色世界一流企业的过程中，积极践行共商共建共享的全球治理观，积极参与全球经济治理体系的改革与建设，积极汇入为人类谋进步、为世界谋大同的时代进步洪流，不断以中国企业的新发展为世界经济发展提供新机遇新空间，谱写好新时代中国式现代化的世界一流企业篇章。

28

通过推动高质量发展谱写好中国式现代化的世界一流企业篇章

坚持完整、准确、全面贯彻新发展理念，坚持社会主义市场经济改革方向，坚持高水平对外开放，增强推动国内大循环的内生动力和效率，提升参与更高水平国际循环的能力和质量，在加快建设现代化经济体系进程中，着力提高全要素生产率，着力提升产业链供应链韧性和安全水平，全力谱写好中国式现代化的世界一流企业篇章，中国企业前途光明，任重道远。

坚持完整、准确、全面贯彻新发展理念，推动高质量发展，谱写好新时代中国式现代化的世界一流企业篇章。 五大发展理念既是我国经济社会发展思路、发展方向、发展着力点的集中体现，也是创建世界一流企业必须遵循的重要发展规律和发展经验。**坚持创新发展，** 加快建设创新型企业，推进高水平科技自立自强，成为至关重要的经济社会创新主体和国家战略科技力量；**坚持协调发展，** 既要切实解决好创建世界一流企业面临的发展不平衡问题，也要通过推动解决经济社会发展不平衡不充分问题培育企业的核心竞争力和综合实力；**坚持绿色发展，** 站在人与自然和谐共生的高度谋划发展，既要通过推动经济社会发展绿色化、低碳化，开辟发展新领域新赛道，实现企业高质量发展，又要通过企业高质量发展，实现企业自身的绿色发展、低碳发展，塑造发展新动能新优势；**坚持开放发展，** 内外联动，利用好国内国际两个市场两种资源，提升参与国内国际双循环的能力与水平，积极参与全球经济治理和公共产品供给，积极服务国家发展更高层次的开放型经济，当好高水平对外开放的排头兵；**坚持共享发展，** 落实以人民为中心的发展思想，更好地实现发展为了人民、发展依靠人民、发展成果由人民共享，汇入坚持共建共享朝着共同富裕方向稳步前进的历史洪流。

加快建设现代化经济体系，推动高质量发展，谱写好新时代中国式现代化的世界一流企业篇章。 把企业高质量发展的着力点放在加快建设现代化经济体系的历史进程中，以企业潜力的充分发挥推动经济增长潜力的充分发挥，以经济增长潜力的充分发挥支撑创建更高水平、更高层次的世界一流企业。**积极推动构建高水平社会主义市场经济体制**，服务构建全国统一大市场，深化要素市场化改革，建设完善高标准市场体系和市场经济基础制度。**积极推进现代化产业体系建设和实体经济发展**，推进新型工业化，服务构建现代化基础设施体系，服务建设制造强国、质量强国、航天强国、交通强国、网络强国、数字中国，加快发展数字经济。**积极促进城乡区域协调发展**，主动服务建设农业强国，主动实施区域协调发展战略、区域重大战略、主体功能区战略、新型城镇化战略，主动促进重大生产力布局优化，服务构建优势互补、高质量发展的区域经济布局。**积极推进高水平对外开放**，依托我国超大规模市场优势，以国内大循环吸引全球资源要素，增强国内国际两个市场两种资源联动效应，不断提升参与全球产业分工和合作的深度、广度和厚度，不断提升与全球企业同台竞技的能力、质量和水平，以新时代创建世界一流企业的新成效、新突破，维护人民根本利益，增进社会民生福祉。

全力创建中国特色世界一流企业，推动高质量发展，谱写好新时代中国式现代化的世界一流企业篇章。 党的十九大报告提出培育具有全球竞争力的世界一流企业。党的十九届五中全会强调加快建设世界一流企业。中央深改委第二十四次会议提出要加快建设产品卓越、品牌卓著、创新领先、治理现代的世界一流企业。**党的二十大明确要求，完善中国特色现代企业制度，弘扬企业家精神，加快建设世界一流企业，为谱写好新时代中国式现代化的世界一流企业篇章指明了方向。** 国资国企要深化改革，在加快国有经济布局优化和结构调整的进程中，持续提升国有企业核心竞争力，实现做强做优做大。民营企业将加快发展壮大，阔步前行，持续提升综合价值创造力和品牌全球影响力。扎根中国大地成长壮大起来的中国企业，将在坚持和加强党的全面领导下，把加强党的领导和完善公司治理统一起来，持续推动中国特色现代企业制度更加成熟定型，为创建中国特色世界一流企业提供坚实制度保障；大力弘扬企业家精神，涌现一批具有鲜明时代特征、融通中华文化、世界一流水准的中国企业家队伍，为创建中国特色世界一流企业提供动力源泉，带领中国企业实现质量更好、效益更高、竞争力更强、影响力更大、美誉度更高的发展，谱写好新时代中国式现代化的世界一流企业篇章。